인상의 심리학

인상의 심리학

다나카 도모에 지음 ★ 명다인 옮김

'사람 보는 눈'을 키우려면 인간의 '사고의 습관'부터 알아야 한다

시그마북스
Sigma Books

인상의 심리학

발행일 2022년 7월 11일 초판 1쇄 발행
지은이 다나카 도모에
옮긴이 명다인
발행인 강학경
발행처 시그마북스
마케팅 정제용
에디터 최윤정, 최연정
디자인 강경희, 김문배

등록번호 제10-965호
주소 서울특별시 영등포구 양평로 22길 21 선유도코오롱디지털타워 A402호
전자우편 sigmabooks@spress.co.kr
홈페이지 http://www.sigmabooks.co.kr
전화 (02) 2062-5288~9
팩시밀리 (02) 323-4197
ISBN 979-11-6862-053-7 (03180)

행복의 또 다른 원천은 편견에서 벗어나는 것이다.
그리고 그 결정은 우리 자신에게 달려 있다.

-에밀리 뒤 샤틀레

시작하며

당신이 이 책을 고른 이유를 꼽는다면 다음 일곱 가지 중에 어디에 해당할까.

1. 나에게는 어째서 '사람을 꿰뚫어 보는 능력'이 없는지 궁금하다.
2. 사람을 '꿰뚫어 보는 능력'이 있는 내가 이 책이 틀렸다는 걸 증명해야겠다.
3. 나는 왜 '나의 인상'을 알 수 없는지 궁금하다.
4. '내가 해야 할 일'을 낙관적으로 예상했는데 어째서 번번

이 실패하는지 궁금하다.

5. 우리 팀이 '상대 팀'보다 뛰어나다고 생각하는데, 상대방도 우리 팀을 똑같이 생각하는지 알고 싶다.

6. '상대 팀'이 도무지 좋아지지 않는데 그 이유가 궁금하다.

7. '타인', '자신', '집단'에 대한 인상이 만들어지는 심리 구조가 궁금하다.

당신의 생각을 표현해주는 보기가 과연 있을까.

이 일곱 가지는 인간의 '마음 기능'과 관련 있다. 그중에서도 우리가 평소에 주변 사람, 나 자신 혹은 다른 집단에 있는 사람들을 어떻게 그리고 왜 그렇게 파악했는지와 관련 있다.

만약 사회심리학 수업에서 이 책을 가볍게 소개한다면 '(방금 전 질문) 보기 7번을 이해하는 데 필요한 책' 정도 아닐까. 심도 있게 설명하라면 1번부터 7번까지 일일이 모두 언급해야 하겠다.

이 책은 타인과 엮일 수밖에 없는 인생에서 흔하게 겪는 '어째서?', '왜 그런 거지?'라는 물음에 접근하고 있다.

이 책은 PART 5까지 있고, 각 PART에서는 사회심리학 연구를 통해 명백히 밝혀진 사실들로 '인상'에 관련된 마음 기능을 분석한다.

PART 1(인간은 이렇게 판단한다)에서는 '인상이 만들어지는 과정'과 이때 나타나는 '사고의 습관'에 대해 이야기한다. 정보가 수집되면 '직감적으로 판단'과 '숙고한 후의 판단'을 통해 인상이 결정된다. 이는 기본 전제다.

PART 1 뒤부터는 일곱 가지 보기와 관련 있다. 1번이나 2번에 해당한다면 PART 2('타인'의 인상은 어떻게 만들어질까)를 참고하면 도움이 된다.

3번 혹은 4번을 골랐다면 PART 3('나'의 인상은 어떻게 만들어지는가)이 유용하다.

그리고 PART 4('집단'의 인상은 어떻게 만들어지는가)는 5번이나 6번을 선택한 사람이 읽으면 좋을 내용이다.

모든 PART는 연결되어 있다. 예를 들어, '타인의 인상은 어떻게 만들어지는가'는 '나를 어떻게 파악하고 있는가'와 떨어뜨려 놓고 생각할 수 없다. 이 부분은 각 PART에서 설명하고자 한다.

마지막 PART 5('그 인상'으로 남아도 정말 괜찮을까)에서는 '사고의 습관'으로 인해 오히려 판단이 흐려지는 사례를 제시하고 그 의미를 생각해보기로 한다.

　이 책을 다 읽고 주변 사람들, 이 책을 집어 든 당신, 당신의 팀 그리고 상대 팀을 다시 보는 계기가 되었으면 한다.

차례

인간은
이렇게 판단한다

CHAPTER 01

인간은 '인지의 틀'로 판단한다

그 사람의 인상

다음 글을 먼저 읽어주길 바란다.

배경은 어느 날 밤의 회사 사장실이다.

> 오늘 업무는 모두 끝났지만 중대 사안이 아직 남아 있다. 항상 나를
>
> 응원해주는 비서에게 오늘 프러포즈하기로 마음먹었다.
>
> 비서는 어린 나이답지 않게 다정하고 똑 부러지는 데다 눈치도 굉

장히 빠르다. 일을 그만두고 가정주부로 살아도 내조는 당연히 잘하겠지. IT 업계에 회사를 차리고 20년 동안 치열하게 경쟁한 끝에 사업을 이만큼이나 키웠다. 성과도 안정적이다. 이제 슬슬 가정을 꾸려야 대외적으로 좋게 보이겠지. 시간이 이렇게 늦었는데 통화할 수 있을까. 실은 직접 만나서 말해야 하는데 어쩔 수 없다.

-다행이다. 대답이 긍정적이다. 다만, 가정을 우선순위로 두겠지만 일도 계속하고 싶다니 어디 다른 부서로 옮겨야겠다.

내일 당장 회사에서 이용하는 호텔 영업 담당자에게 고민을 털어놓아야겠다. 자, 그럼 어떤 드레스를 입을까.

여기서 문제를 하나 내겠다. 사장과 비서는 어떤 사람으로 보이는가.

이 문제에 정답은 없다. 어쩌면 글을 읽는 사이에 사장과 비서에 대한 이미지가 달라졌을지도 모른다. 하지만 달라지지 않아도 상관없다. 예를 들자면, 사장도 그의 파트너인 비서도 모두 결혼식에서 드레스를 입을 수도 있다. 그 밖에도 여러 가능성이 있는데 성별도 그중 하나다. 사장이 여성이고 비서가 남성인 경우 말이다.

글을 읽는 동안에는 처음부터 사장이 여성이라고 전혀 짐작하지 못했을 수도 있다. 그런데 생각해보면 잘나가는 여성 리더가 이끄는 기업도 있다. 미디어 매체에도 자주 등장한다. 그런데도 왜 사장을 남성이라고 생각했을까.

인간은 '**인지의 틀**'로 판단한다. 뒤에서 구체적으로 설명하겠지만, '인지의 틀'로 판단할 때면 우리의 인지가 특정 방향으로 흘러갈 때가 있어 '확신' 혹은 '단정'이 발생한다.

사장을 남성으로, 비서를 여성으로 생각한 이유도 '인식의 틀'로 판단했기 때문이다.

'인상'은 이렇게 형성된다

은연중에 사장의 성별이 남성이라고 생각한 것처럼 우리는 일상생활에서 마주하는 사람에 대해서도 '**인상**'을 가진다. '인상'은 어디서 튀어나오는 걸까. 왜 그 사람에게 그러한 '인상'을 받았을까.

누군가를 처음 만나면 단서가 될 만한 사소한 정보들을 수집하는 경우가 많다.

A와 아는 사이가 되었다. 직업이나 거주지역 등의 정보를 통해 여유로운 삶을 살고 있다고 짐작한다. 그러면 A가 들고 다니는 것들이 명품으로 보이고 말투도 품위 있어 보인다.

'인지의 틀'이 발동된 사례다. A가 그런 일을 하고 그런 동네에 살고 있다고 해서 반드시 부유하다고 판단하기는 이르다. 직업은 그 사람의 프로필 중 하나에 불과한데 단서로 이용되는 바람에 우리는 그 정보로 A의 '인상'을 만들어낸다.

이처럼 정보를 통해 상대방의 '인상'이 형성되고 굳어지는 흐름을 **'인지의 과정'**이라고 한다. '인지의 과정'에는 몇 가지 단계가 있다. 모든 단계는 서로 연관성이 있는데 이해를 돕고자 이 책에서는 **정보가 '기억'되고 '해석'되어 '신념'이 강해지는** 과정으로 구분했다.

앞선 예시로 설명하면, A의 직업에서 생성된 '인상'과 어울리는 것은 쉽게 기억한다. 따라서 A의 소지품을 떠올릴 때 저

렴해 보이던 물건보다 고가로 보이던 물건이 기억에 더욱 오래 남는다. 이 과정은 '기억'의 단계에서 발생한다.

A가 부유하다는 생각이 들면 가설의 방향과 일치하는 증거를 수집한다. 그리고 A가 한 말들과 행동을 가설에 끼워 맞추는 '해석' 단계로 넘어간다. 명백히 증명된 가설은 '신념'이 된다.

이러한 일련의 과정을 거치면, 확고해진 '신념'을 바탕으로 다른 사람한테 A의 부유함을 이야기한다. A에 대한 단순한 '인상'은 마치 사실인 양 확산된다.

위와 같은 '타인'에 대한 개인 내 과정(인간의 인지)과 개인 간 과정(커뮤니케이션을 통한 영향)에 대해서는 PART 2에서 깊게 들여다보자.

판단 대상은 타인에게만 국한되지 않는다. '나 자신'을 바라볼 때도 보통 '○○한 사람'이라는 이미지가 있다. 다른 사람한테 어떤 말을 들었을 때, 내가 가진 이미지와 비슷하면 잠자코 듣고 있겠지만, 아니라는 생각이 들면 받아들이지 않는다.

스스로 '내향적인 사람'이라고 믿고 있으면 타인과 얽힐 일이 별로 없는 직업을 고를지도 모른다. 가령 친구가 '너는 판매직이나 영업직이 적성에 맞아 보여'라고 말해주어도 내가 해낼 리 없다며 단념한다.

어쩌면 다른 사람이 나보다도 나를 잘 알지도 모르는데 완고한 우리는 '신념'을 고집한다.

또한, 타인이 나를 '○○한 사람'이라고 봐주었으면 하는 이상적인 이미지도 지니고 있다. 그리고 그런 사람으로 보이고 싶어 여러 방법을 동원한다. 이와 반대로, 아무도 몰랐으면 했던 모습을 들켰다고 생각할 때도 있다. '나'의 인상에 관한 이야기는 PART 3에서 다룬다.

방금 '타인'에 대한 인상을 함께 살펴보았다. 타인이 한데 모이는 '집단'의 인상에 대해서는 PART 4에서 깊이 다룬다.

'○○한 사람들'이라는 '인상'이 특정되는 과정과 그 '인상'이 유지되는 과정에는 인간의 어떠한 동기가 꿈틀대고 있다. 이러한 '인상'은 다른 사람과 커뮤니케이션을 통해 굳어지는데 이 부분도 뒤에서 설명하겠다.

인간은 정보를 처리하는 과정에서 '스키마'를 이용한다

'인상'의 대상은 '타인', '나', 그리고 '집단'이다. 이 대상들의 인상이 결정되는 과정에 공통점이 있다. 바로 '인지의 틀'이 작용한다는 건데 심리학에서는 이를 **스키마**[schema]라고 한다. '스키마'는 대상의 인지구조다.

여러 대상의 '스키마'는 기억으로 저장되고, 인간의 뇌가 외부 정보를 처리할 때 '스키마'가 이용된다.

지나가던 사람에게 길을 물었더니 '다음 모퉁이에서 오른쪽으로 꺾으세요'라는 대답을 들었다. 우리가 그 사람이 말한 대로 가는 이유는 이미 모퉁이, 오른쪽, 꺾는다는 지식을 습득했고 기억도 하기 때문이다.

다음 글을 읽어보자.

그 절차는 매우 간단하다. 먼저 성질에 따라 그룹을 나눈다. 양이 얼마나 되느냐에 따라 그룹이 하나여도 충분하다. 만약 설비가 없어 다른 데로 가야 한다면 그것은 다음 단계가 된다. 다른 데로 가지 않아도 된다면 이로써 준비는 끝났다. 한꺼번에 많이 하지 않는 것이 중요하다. 즉, 넘치기보다는 모자란 편이 낫다. 당장 눈앞의 일에만 몰두하면 이것이 중요하지 않다고 느낄 수도 있지만, 너무 많아지면 번거로워지고 틀릴 가능성도 높아진다. 처음에는 모든 순서가 복잡해 보이지만 곧 생활의 일부가 된다. 가까운 미래에 이 작업이 필요 없어질지도 모르지만 꼭 그렇게 된다고 단언하기도 힘들다. 이 절차가 끝나면 다시 그룹을 몇 개로 나눈다. 그러고는 적절한 장소에 둔다. 나중에 다 사용되면 다시 모든 절차가 반복된다. 그래도 이는 생활의 일부다.

(Bransford &Johnson, 1972 p.722)

무엇을 설명하는 글인지 이미 눈치챘을 수도 있다. 정답은 '옷 세탁'이다.

스키마의 종류 중에 **스크립트**가 있다. '스크립트'란 어떤 상황에서 일어나는 행동의 절차 혹은 이때 발생하는 현상의 흐름에 관한 지식을 가리킨다.

이 글은 세탁의 '스크립트'를 가진 사람이라면 빨리 알아차릴 수 있다. 처음 읽었을 때는 도통 감이 잡히지 않아도 '세탁'

이라고 알게 되면 고개가 끄덕여진다.

  '스크립트'를 가진 대상은 다양하다. 버스에 타는 '스크립트'의 예시다. '버스 정류장에서 기다린다. 도착한 버스가 어디로 가는지 확인한 뒤 올라탄다. 내릴 정류장이 가까워졌을 때 정차 벨을 누른다.'

  위와 같은 '스크립트'가 있기 때문에 평소와 다른 곳에서 버스를 타야 하는 상황에서도 인간은 필요 이상으로 불안해하지 않는다. 그래서 외국 여행지에서도 버스에 올라탄다. 그리고 정차 벨이 보이지 않아 당황하기도 한다(벨이 아니라 끈을

[표 1] 사회적 스키마의 종류

인간 스키마	타인의 특징과 목표에 초점을 둔 그 사람에 대한 이해를 포함한 지식
자기 스키마	자아개념의 명료한 특징에 관한 지식
역할 스키마	특정한 사회적 위치나 역할에 기대하는 행동의 지식
사건 스키마(스크립트)	특정 상황에 대한 사건이나 순서나 절차에 대한 지식
정보가 없는 스키마	요소들 간 연결고리나 순서를 처리하는 규칙에 관한 지식

(Fiske & Taylor, 1991 참고해 작성)

당기는 버스였다).

이런 일도 가끔 있겠지만 '인지의 틀'에서 이용되는 스키마나 스크립트로 정보가 이해되고 그 상황에서 적절한 행동을 취한다.

사회적 현상과 인간에 관련 있으면 **'사회적 스키마'**라고 한다. **'인간 스키마', '역할 스키마', '사건 스키마(스크립트)', '자기 스키마'**와는 다른 스키마다. 여기에 '규칙 역할을 하는 스키마(내용이 없는 스키마)'가 추가될 때도 있다(Fiske & Taylor, 1991). 표 1에는 스키마의 종류와 특징이 나와 있다.

인간은 '직감'과 '숙고'로 판단한다

인간은 어떤 방법으로 '인지의 틀'을 가지게 될까. 틀의 일부는 선천적으로 태어날 때부터 있기도 하다. '표정 인식' 연구에서는 기쁨과 같은 감정이 인간의 공통된 보편적인 감정이라고 한다(Ekman, 1992).

웃는 얼굴은 기쁨을 드러내는 구체적인 반응인데, '눈꼬리는 내려가고 입꼬리는 올라가는 표정'을 웃는 얼굴로 인식하는 틀은 선천적으로 가지고 태어났다.

반면, 학습이나 경험을 통해 얻는 스키마도 있다. 앞에서 나온 '모퉁이'나 '오른쪽'에 관한 스키마가 이에 해당한다.

곰곰이 생각해보면 우리에게 수많은 스키마가 있음을 깨닫게 된다. 일상생활에서는 이 스키마 덕분에 처리와 판단이 신속해진다.

표 1처럼 우리는 이 스키마를 물건이나 사건뿐 아니라 '타인', '자기', 그리고 '집단'에 대해서도 가지고 있다.

그러니 '사장'이라는 말을 듣고 번뜩 떠올린 특정 이미지에 따라 그 사람을 판단한다. 이 스키마를 이용한 직감적인 판단 과정을 **'자동적 과정'**이라고 한다.

'자동적 과정'의 특징은 '무의식적인unconscious', '고의가 아닌unintentional', '통제할 수 없는uncontrollable', '인지적 노력이 필요치 않은effortless'이다(Bargh, 1989). 네 가지 특징 중 단 하나라도 해당된다면 '자동적 과정'이다.

'자동적 과정'이 직감적 판단이라면, 숙고를 동반한 판단은 **'통제적 과정'**이다.

이 두 가지 '자동적 과정'과 '통제적 과정'을 '시스템 1'과 '시스템 2'라고 부르기도 하는데, 이 두 가지 과정이 포함된 이론을 통틀어서 '이중 과정 이론'이라고 한다.

'이중 과정 이론'에는 두 과정 모두 각각의 기능이 있기도 하고, 두 가지 과정의 처리 절차가 다른 경우도 있다. 지금부터 알아가 보도록 하자.

'자동적 과정'과 '통제적 과정'으로 인상을 파악한다 – 기능 모델

타인에 대한 '인상'이 형성될 때도 '자동적 과정'과 '통제적 과정'은 빠지지 않는다. '이중 과정 이론'을 토대로 한 모델 중에는 각각의 과정이 다른 기능을 지녔다고 주장하는 두 가지 모델이 있다.

인상 형성의 '2과정 모델'(두 가지 과정 사이에 경계선을 상정한 모델)과 인상 형성의 '연속체 모델'('자동적 과정'에서 '통제적 과정'으로 서서히 진행된다고 상정한 모델)이다.

인상 형성의 '2과정 모델'

인상 형성의 '2과정 모델'(그림 1)을 보면, 우리는 타인의 속성에 따라 그 사람이 어떤 사람인지 자동적으로 판단한다고 한다. 이제 그림 1을 알아보자.

어떤 사람을 보고 '한국인'이라고 짐작했다(동정). '동정'이란 대상의 정체를 파악하는 행위다. 목표 대상을 '한국인'이라고 짐작한 행위가 동정에 해당한다.

그런데 그 사람이 나의 목표와 무관하다는 판단이 서면 그즉시 처리를 멈춘다(정지). 어쩌다 지하철 옆자리에 앉은 사람한테는 무관심한 경우와 같다. 그림 1의 a가 이에 해당되며 '자동적 처리'의 과정이다.

그러나 나의 목표와 관련된 경우라면(관련성 있음) '통제적 과정'을 통해 그 사람을 판단하기 시작한다.

오늘은 거래처 회사 A에 처음 방문하는 날이다. A 거래처 직원은 당신의 목표와 관련이 있다. 그렇기 때문에 그림 1의 b를 거쳐 '통제적 처리' 과정으로 넘어간다.

다만, 상대방이 A 거래처 직원일지라도 로비 안내데스크에

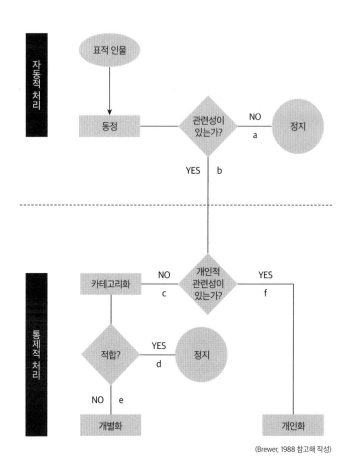

자동적 처리

표적 인물

동정 ── 관련성이 있는가? ── NO ── a ── 정지

YES │ b

통제적 처리

카테고리화 ── NO ── c ── 개인적 관련성이 있는가? ── YES ── f

적합? ── YES ── d ── 정지

NO │ e

개별화

개인화

(Brewer, 1988 참고해 작성)

[그림 1] 인상 형성의 '2과정 모델'

서 근무한다면 관련성이 낮아지기 때문에(개인적인 관련성 없음) 이미지만으로 판단하게 된다(범주화). 그림 1의 c에 해당한다.

당신이 가진 안내데스크 직원의 이미지는 '안내데스크에서 방문객에게 미소를 보내는 사람'이라고 해보자. 실제로 저 멀리 있는 로비 안내데스크에서 미소를 지어준다면 그 사람을 안내데스크 직원이라고 생각하게 된다. 이미지와 동일하기 때문에(적합), 상대방에 대한 처리 과정은 끝난다(정지). 그림 1의 d에 해당한다.

그러나 이미지와 다를 때는 (안내데스크에 있기는 한데 눈초리가 무섭다) 그림 1의 e에 해당한다. 이때는 '안내데스크 직원이 무섭다'는 생각이 든다(개별화).

다른 상대도 검증해보자. 다시 그림 1의 b로 돌아가 A 거래처 로비에서 기다리는 장면이다.

거래처 담당자가 로비로 내려왔다. 이 미팅은 중요하다(개인적 관련성 있음). 그림 1의 f에 해당하며, 당신은 상대방이 어떤 사람인지 알아내기 위해 그 사람의 특징을 집중해서 처리한다(개인화).

인상 형성의 '연속체 모델'

그림 1의 인상 형성의 '2과정 모델'에서는 '자동적 과정'과 '통제적 과정'에 분기점이 있다고 설명한다. '목표 대상에 대한 관련성'이 없다면 '자동적 과정' 단계에서 처리가 멈추고, 관련성이 있다면 '통제적 처리'로 넘어간다. 즉, **관련성의 유무**가 경계선이 되어 두 가지 과정으로 갈라진다.

이와 대조적으로 인상 형성 a의 '연속체 모델'(그림 2)은 '자동적 과정'과 '통제적 과정' 사이에 분기점을 상정해 두지 않아서 둘 다 연속체 선상에 있다고 간주한다. 즉, 두 가지 과정은 경계선으로 구분되지 않고 대신 무지개색처럼 서서히 변한다. 그리고 '자동적 처리'에서 '통제적 처리'로 넘어가면서 타인의 '인상'이 형성된다. 그림 2의 화살표 방향을 보자.

인상 형성은 '자동적 처리'에서 출발한다. 가장 먼저 타인의 **'범주화'**를 실시한다. 이전 예시처럼 어떤 사람을 보고 '한국인'이라고 짐작했다(초기 범주화). 그림 2의 a에 해당한다. 상대방에게 최소한의 관심이나 관련성을 지각한 경우(그림 2의

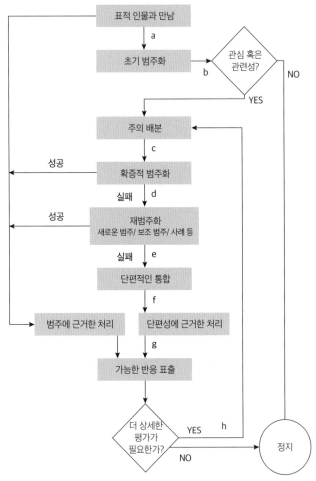

표적 인물과 만남

a

초기 범주화 → 관심 혹은 관련성?
b

NO

YES

주의 배분

c

성공 ← 확증적 범주화

실패 d

성공 ← 재범주화
새로운 범주/ 보조 범주/ 사례 등

실패 e

단편적인 통합

f

범주에 근거한 처리 | 단편성에 근거한 처리

g

가능한 반응 표출

더 상세한 평가가 필요한가? → YES → h

NO

정지

(Fiske & Neuberg, 1990 참고해 작성)

[그림 2] 형성 인성의 '연속체 모델'

b), 그 사람의 속성에 집중하게 된다(주의 배분).

이 단계에서는 이용 가능한 정보가 맨 처음에 분류한 범주와 일치한다고 해석할 수 있는지 검증해본다. '한국어로 말했으니까 당연히 한국인이야'라고 생각하는 경우다(확증적 범주화). 그림 2의 c에 해당한다.

최초로 설정한 범주에서 정보 해석이 막힌다면 다른 범주와 조합해본다(재범주화).

'한국인'이라고 생각했는데 누군가 한국어로 말을 걸자 당혹스러워하는 모습을 보았다. 이때 '한국인이 아니라 중국인이었나'라고 생각하는 경우를 말한다. '확증적 범주화'의 실패는 그림 2의 d에 해당한다. '재범주화' 단계에서는 다양한 범주와 일치하는지 검증한다.

그림 2의 '재범주화'를 보자. '중국인'은 '새로운 범주'에 속한다. 한국어를 못하는 모습에서 '한국인이지만 외국에서 오래 살다 온 사람'이라는 또 다른 생각은 '외국에서 오래 살다'라는 '보조 범주(하위 범주)'로 이동한다. 아니면 한국인이지만 '친구 A처럼 대답하기 귀찮아서 일부러 한국어를 못하는 척하고 있다'라고 생각하는 경우에는 '전형(사례)'으로 이동한다.

'재범주화'도 성립되지 않을 때(그림 2의 e)는 상대방의 특징을 요목조목 분석해서 통합한다(단편적으로 통합). 통합된 정보로 그 사람의 감정, 인지, 행동의 경향을 처리하면(단편적인 처리, 그림 2의 f) 반응이 표출된다(가능한 반응 표출, 그림 2의 g).

상대를 더 꼼꼼히 평가할 필요가 있다면 관련 정보에 다시 집중한다(그림 2의 h). 이 단계들은 다시 반복되어 그 사람의 '인상'을 형성한다.

'2과정 모델'과 '연속체 모델'의 차이점

여기까지 인상을 형성하는 '2과정 모델'과 '연속체 모델'을 설명했다. 이제 다른 점을 비교해보자. 두 가지 과정을 대하는 사고방식(분기점이 있을지 연속체일지) 외에도 다른 점이 있다.

'2과정 모델'은 복수의 규칙을 상정한다.

그림 1로 다시 돌아가 보자. 거래처 회사 A의 담당자를 '개인화'했을 때, 그 사람과 개인적 관계성이 있는지 검증한다(그림 1의 f).

그런데 안내데스크 직원을 '개별화'했을 때는, '안내데스크

직원' 범주에 적합한지를 검증했다(그림 1의 d 혹은 e). 즉, 2과정 모델에서는 '개인화'와 '개별화'의 규칙이 서로 다르다고 이미 상정하고 있다.

이와 대조적으로 '연속체 모델'의 규칙은 하나다.

규칙은 다음과 같다. 상대의 정보가 범주에 얼마나 적합한지에 따라 범주화의 난이도가 결정된다. 그림 2를 보면 알겠지만 이 모델에서는 인상 형성 과정이 순환되기도 한다.

'2과정 모델'과 '연속체 모델' 사이에는 차이점도 존재하지만, 결국 자동적 과정과 통제적 과정을 하나로 통합했다는 공통점이 있다. 범주를 통해 신속한 처리법과 동기 부여된 처리법을 구분해 놓았다.

회사에서 다른 부서로 이동하게 되었다. 상사의 온화한 표정을 보고 '상냥한 사람'이라는 생각이 들었다. 그런데 다음 날 회의에서 엄격한 어조로 말하는 상사를 보고 '상냥하다' 범주와 맞지 않을 가능성을 느꼈다. 직장상사이기 때문에 어떤 사람인지 더 많은 정보를 모아서 신중하게 판별할 필요가 있다. 이와 같은 '이중 과정 이론'은 우리가 정보처리의 '전략가'임을 보여준다.

행동할 때의 '시스템 1'과 '시스템 2'
— 절차 모델

'자동적 과정'과 '통제적 과정'이 서로 다른 기능을 발휘한다는 관점은 대인인지 측면에서 이해하기는 쉽다. 그런데 통제적 과정에서 자동적 과정으로 넘어가거나 그 반대의 경우도 있다.

한창 운전 면허 학원을 다닐 때는 좌우로 꺾기 전에 후방을 살펴보거나 깜빡이를 켜거나 속도를 낮추는 등 생각할 게 많아서 정신이 없었는데, 지금은 몸이 저절로 움직인다. 그러다 뉴스에서 교통사고 뉴스를 접하면 신경을 곤두세우고 후방을 살핀다. 이 예시를 설명하려면 기능 측면보다는 이제 설명할 '절차' 측면에서 두 과정을 이해해야 한다.

어떤 연구자들은 자동적이고 무의식적이며 계산적 능력이 필요 없는 과정을 '시스템 1', 통제적이며 정보처리의 분석적 지성과 이의 기본이 되는 계산적 요소를 포함한 과정을 '시스템 2'라 불렀다(Stanovich & West, 2000). 이 명칭에 따라 두 가지 시스템을 다음과 같이 정의 내리기도 한다(Kahneman, 2011).

- '시스템 1'은 빠른 속도로 벌어지는 자동적인 과정으로 노력과 자발적 통제가 필요없다. 필요하다 해도 그 정도가 매우 낮다.

- '시스템 2'는 노력에 필요한 심적 활동(복잡한 계산 포함)에 주의를 배분한다.

- '시스템 2'는 주체성, 선택, 집중과 같은 주관적 경험과 연결될 때가 있다.   (Kahneman, 2011 pp.20-21)

우리가 잠들기 전까지 '시스템 1'은 자동으로 작동한다. 우리가 매번 회사 위치를 떠올리지 않아도 되는 이유다.

평상시에 낮은 수준에서 작동하는 '시스템 2'는 '시스템 1'에서 전달받은 직감, 인상, 충돌 등을 확신하거나 행동으로 옮긴다. 그렇기 때문에 우리는 항상 다니던 길로 회사에 출근할 수 있다.

만약 '시스템 1'으로 판단이 어려울 때는 '시스템 2'가 대신 나선다. 예를 들면, 도로 공사 때문에 원래 다니던 길을 지나갈 수 없다면 가장 최적의 경로를 탐색하고 선택한다.[1]

---

1   이 책에서는 '이중 과정 이론'을 근거로 한 모델을 설명했다. 정보처리에 대한 단일의 과정을 상

인간의 인지는 '자동적 과정'으로 충분한가

기능과 절차에 따른 인지과정을 '자동적'과 '통제적'이라는 두 모드로서 파악한 모델을 살펴보았다. '자동적 과정'은 더 빠르고 큰 노력이 필요 없어 편리하다고 여겨진다. 상대방과 대상을 스키마나 범주로 분류했을 때 다른 정보와 잘 합치되면 그 상태에서 정보처리가 멈추어도 문제없다. 또한, '시스템 1'이 순조롭게 작동하는 동안에는 '시스템 2'는 쉬어도 된다. 다만, 모든 일을 '자동적 과정'으로(혹은 '시스템 1'의 작동만으로) 처리할 수는 없다.

게다가 '자동적 과정'에서 '편향(뒤에서 구체적으로 설명한다)'이 발생하는 경우가 있다. '편향'이란 특정 상황에서 일어나

정한 이론도 있다(e.g, Kruglanski & Thompson, 1999). 이 논의에 대해 상세하게 언급하지는 않는 대신 간단하게 설명하려고 한다. 단일 과정 모델에서는 다음과 같이 주장한다. 예를 들면, 타인의 정보를 판단할 때 범주나 개별화 정보라고 해도 이를 구별하지 않고 주어진 증거(evidence)로 간주한다. 판단하는 사람이 관련성이 있다는 생각이 들면 처리에 의한 반응(타인에 대한 반응인 경우)이 발생한다. 즉, 이중 과정 이론 모델처럼 자동적 과정과 통제적 과정을 구분할 필요는 없다는 이야기다. 정보처리에 복수의 과정 혹은 단일의 과정을 상정하는지에 대한 논의는 이어지고 있지만 수많은 이론에서는 두 가지 과정을 상정하고 있다. 이 책도 이러한 입장에서 정보처리 과정을 설명했다.

는 계통 오류로 인간이라면 누구나 경험한다.

'대안은 신중하게 마련해라'라든가 '누굴 만날지 신중하게 생각해라'라는 말을 심심치 않게 듣는다. 항상 똑같은 부분에서 틀리는 계산 문제, 항상 같은 사람을 좋아하고 좌절하는 연애, 이때 우리는 분명 '편향'의 영향을 받고 있다.

CHAPTER 02

'편향'이라는 사고의 습관

'편향'이 있다는 사실을 이해한다

'편향bias(바이어스)'이라는 단어에서 수공예품 '바이어스 테이프'를 떠올렸을 수도 있다. '바이어스 테이프'는 원단을 올의 방향으로 45도 각도로 기울여 마름질한 것이다. 인지에서 말하는 '편향'은 그 기울어진 모습과 닮아서인지 '치우치다'라는 의미로 쓰인다. '편향'이라 불리는 '사고의 습관'에는 여러 종류가 있다.

타인의 인상에 관한 '확증 편향', '후광 효과', 'SIB 효과'는

PART 2에서, 자신의 인상에 관한 '자기평가유지 이론'에 관련된 이야기는 PART 3에서, 집단의 인상에 관한 '고정관념'과 그 영향력에 대해서는 PART 4에서 자세하게 다루려고 한다.

지금부터는 인간의 판단에 영향을 미치는 세 가지 유형의 '사고의 습관'을 살펴보겠다.

(1) '인과적 귀인' 과정에서 발생하는 편향

(2) '앞날을 예측할 때', '과거를 떠올리는 경우'에 발생하는 편향

(3) '집단 분류'에서의 편향(의 일부)

사회심리학 이론과 모델을 빼놓고 이것들을 설명하기란 쉽지 않다. 인간의 인지 과정에서 '사고의 습관'이 아무런 이유도 없이 불쑥 튀어나오지는 않기 때문이다. '편향'이라는 현상에는 이유도 의미도 존재한다. 이를 머릿속에 넣어두었다면 이제부터는 우리가 익숙하게 저지르는 '사고의 습관'에 대해 알아볼 차례다.

그런 연유로 지금부터 나올 이야기는 조금 단조롭다. 다음 페이지로 진도가 나가지 않을 때는 PART 4를 읽고

CHAPTER 2를 다시 읽어도 좋다. '사고의 습관'을 어떻게 바라볼지에 대해서는 PART 5에서 다루겠다.

인간의 판단에 '사고의 습관'은 어떤 영향을 미칠까

(1) '인과적 귀인' 과정에서 발생하는 편향

어떤 사건이 일어났을 때 원인을 추론하는 것을 '귀인'이라고 한다. 우리는 종종 타인의 행동에 이 과정을 대입한다.

혼잡한 지하철에서 누군가 자리를 양보했다. 이 행동을 보게 되면 그 사람이 '친절한 사람'이라는 생각이 든다. 이런 경우 '자리 양보'라는 행동을 행위자의 '친절'이라는 특성에 귀인시킨다.

'인과적 귀인'의 유발 과정은 다양한 방법으로 검증되어 왔다. 이번 장에서는 행동에서 특성을 추론해내는 과정을 집중적으로 다루고, 여기에 정보처리 과정이 추가된 검증 모델 두 가지를 설명하겠다.

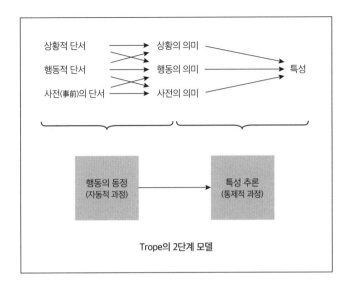

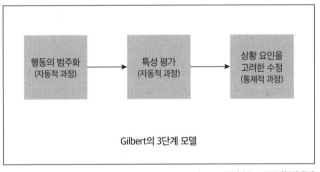

(Trope, 1986과 Gilbert, 1988 참고해 작성)

[그림 3] 특성 추론 과정의 단계 모델

그림 3은 '2단계 모델'(Trope, 1986)과 '3단계 모델'(Gilbert et al., 1988)이다. 이 모델들은 모두 '자동적 과정'과 '통제적 과정'이라는 두 가지 과정을 상정하고 있다.

특성 추론 과정의 2단계 모델
– 미간을 찌푸리는 상사(는 어떤 사람일까)

'2단계 모델'에서 말하는 2단계란, 귀인 과정에서 발생하는 '행동의 동정同定' 단계와 '특성 추론' 단계를 가리킨다.

그림 3 상단에 나오는 Trope의 2단계 모델을 보자. 1단계 '행동의 동정'에서 '상황적 단서', '행동적 단서' 그리고 '사전 단서'에 의해 행동의 의미가 동정된다.

'행동적 단서'가 어떤 정보인지 예시를 들어보겠다. 썩 유쾌하지는 않겠지만 '미간을 찌푸리는 상사'를 상상해보자.

상사의 행동에 담긴 의미는 '상황적 단서'의 정보와 '사전 단서'의 정보에도 영향을 받는다. 상사를 분노케 만드는 실수투성이 서류를 부하직원이 제출했는지 아닌지(상황적 단서의 정보), 혹은 상사가 평소에도 화를 잘 내는 사람인지 아닌지(사전 단서의 정보) 등이 있다.

실수투성이 서류를 보았다면 상사는 화를 낼 테고, 늘 화나 있는 사람이라면 오늘도 마찬가지로 화를 낼 것이다. 이처럼 '미간을 찌푸리는' 상사의 행동은 곧 '화를 낸다'로 동정된다. 이것이 '행동의 동정' 단계다.

2단계 '특성 추론'에서는 앞서 나온 1단계 '행동의 동정'에서 이미 검증이 완료된 재료가 쓰인다(상사가 화를 낸다). 이때 '상황적 단서'로부터 예측 가능한(상황의 의미) 재료는 통제적 처리에 의해 탈락된다. 즉, '실수투성이 서류를 보았다'면 상사가 화를 내도 별수 없다. 이 상황까지 고려한다면 '화를 내는' 행동만 보고 '툭하면 화내는 사람'이라고 추론할 수 없다.

게다가 '행동의 동정' 단계에서 '상황적 단서'(실수투성이 서류)는 '화내는' 행동을 파악하기 위한 추가적인 재료가 된다. 이와 반대로, '특성 추론' 단계에서는 '툭하면 화내는 사람'이라는 추론을 섣불리 내릴 수 없기 때문에 이 재료는 배제된다.

즉, 행동을 촉진하는 '상황적 단서'는 '행동의 동정'과 '특성 추론'의 단계에서 서로 정반대의 역할을 한다.

'행동의 동정' 단계는 **'인지 자원'**이 필요하지 않는 '자동적 과정'으로 분류된다. 사실, '인지 자원'은 인간의 뇌가 사고와 판단을 할 때 필요하다.

'자동적 과정'에서는 '인지 자원'이 없더라도 상대방이 화가 나 있음을 알 수 있다. 늘상 화내는 상사에게 실수투성이 서류를 제출한 경우, 굳이 미간을 찌푸리는 표정을 상상하지 않아도 상사가 '화가 났다'고 어렵지 않게 알아차릴 수 있다.

그럼에도 상사가 화를 잘 낸다는 추론은 다시 되짚어봐야 한다. 여러 상황을 고려한다면 그에 미치는 영향을 차단할 필요가 있기 때문이다. 이 작업을 하기 위해 '인지 자원'이 동원된다. 이런 측면에서 '특성 추론' 단계는 '통제적 과정'으로 분류된다.

특성 추론 과정의 3단계 모델
– 서류를 쏟은 거래처 영업 담당자(는 어떤 사람일까)

'3단계 모델'(Gilbert et al., 1988)도 알았으면 한다. '2단계 모델' 처럼 '귀속 과정'에 단계를 상정해두었다.

'3단계 모델'은 '행동의 범주화' 단계 , '특성 평가' 단계, '상황 요인을 고려한 수정' 단계에 따른 귀속 과정으로 구성되었다. 이 세 단계를 살펴보자.

그림 3에서 하단 도표를 보자(Gilbert의 3단계 모델). 첫 번째, '행동의 범주화'란 타인의 행동에 담긴 의미를 범주화하는 단계다.

거래처 영업 담당자와 처음 만나는 자리다. 가방에서 서류를 꺼내려다 바닥에 떨어져 흩어졌다. 그 모습을 보고 '당황하고 있다'는 행동 범주에 넣는다.

두 번째, '특성 평가'란 '행동'과 '특성'을 관련지은 단계다. '당황하는' 행동을 통해 담당자를 '긴장을 잘하는' 사람이라고 생각한다.

지금까지는 '인지 자원'이 필요치 않은 자동적 과정이다. 이 모델은 관찰 가능한 행동에서 그 사람의 성격 특성을 바로 가늠해 낸다고 주장한다.

거래처 담당자가 입사한 지 얼마 안 되었다는 사실이 방금 떠올랐다. 다음 단계인 '상황 요인을 고려한 수정'에 따라 '영업이 익숙지 않아 긴장되겠지'라고 생각해 '긴장을 잘한다'는 평가를 하단으로 수정한다(배분).

다만, 이 단계는 '인지 자원'이 필요한 '통제적 과정'이다. 따라서 다른 생각을 하다 '인지 자원'이 부족해지면 수정이 일어나지 않기도 한다. 수정되었다 해도 이전과 크게 다르지 않을 때도 있다.

'2단계 모델'과 다른 점을 알아보자. '2단계 모델'에서는 '상황적 단서'의 영향을 자동적 과정에서도 상정하고 있다. 직장 상사의 화난 표정을 '행동의 동정' 단계에서 서류에 문제가 있다는 상황 요인이 고려되었다.

반면, '3단계 모델'에서는 타인의 행동을 관찰한 후 범주화하면 자동으로 특성이 추론된다. 즉, 자동적 과정인 '특성 평가' 단계까지는 상황 요인 고려되지 않는다. 사건이 일어난 후에 통제적 과정에서 '상황 요인의 영향을 고려한 수정'(배분이나 합체)이 일어난다.

바닥에 서류를 바닥에 쏟은 담당자의 예시를 대입해보면, 상대방이 신입사원이라는 점이 '특성 추론' 과정의 마지막에 고려된다.

타인의 행동에서 그 사람의 특성을 추론하는 '귀속 과정'

을 설명했다. 두 모델의 과정에 자동적으로 정보를 처리하는
단계가 있음을 보여준다.

이러한 '자동적 과정' 단계, 즉 정보를 빠르게 처리할 때도
있기 때문에 '특성 추론'에서 오류나 편향이 일어나기 쉽다.
지금부터 몇 가지 예를 들어보겠다.[2]

기본적인 귀인 오류
– '실수한 부하직원'과 '그 모습을 본 상사인 나'의 간극

타인의 행동 원인을 특성, 태도, 노력 등 그 사람의 내적 요인에서 어떻
게든 찾아내려는 현상을 '기본적인 귀인 오류'(Heider, 1958) 혹은 '대
응 편향'(Jones & Davis, 1965)이라고 한다.

예를 들어, 부하직원이 업무에서 실수를 했다고 해보자. 그

---

2 이 책에서는 주로 타인, 나, 집단의 인상에 관련된 편향을 설명한다. 그 밖에도 의사결정의 경험
   적 지식, 즉 정확하게 판단할 수 없는 대상을 판단하기 위한 단순전략(Tversky & Kahneman, 1974)을
   이용할 때 발생하는 편향에 대해서도 수많은 검증이 있었다. 예를 들어, 이용 가능한 정보를 판
   단에 활용할 때 정보를 쉽게 떠올리는 일이 영향을 주기 때문에 발생하는 편향, 두 가지 대상이
   동시에 발생할 확률이 또 다른 대상이 발생할 확률보다 높다고 예견하는 편향 등이 있다. 또한,
   이득과 손실의 비대칭성(Kahneman &Tversky, 1979)이라는 감정가(valence)를 수반하는 편향도 의사
   결정으로 인정된다.

리고 당신이 상사라면 그 실수의 원인을 뭐라고 생각할 텐가. 합리적인 추측은 건너뛰고 일에 집중하지 못했거나 업무 역량이 부족해서 벌어졌다고 생각할지도 모른다.

이처럼 실수의 원인을 부하직원의 잘못에서 찾으려고 한다. 어쩌면 업무 지시를 이상하게 내렸을지도 모르는데도 말이다 (즉, 상사인 나의 실수일 수 있다). 그럼에도 상황 요인의 영향은 좀처럼 고려되지 않는다.

이 오류를 검증한 연구에서는 오류 발생 가능성이 높은 경우와 발생 가능성이 낮은 경우를 명확히 밝혔다.

예를 들어, **긍정적인 감정 상태에서 타인의 행동을 본다면 오류 발생 가능성이 높아진다**(Forgas, 1998). 회사일과 무관하게 기분이 좋은 상태에서는 깊이 생각하지 않고 실수 원인을 부하직원에게 돌린다.

타인의 행동에 다른 동기가 있다는 생각이 들면 오류 발생 가능성은 낮아진다(Fein et al., 1990). 예시는 다음과 같다. 직장상사인 당신의 말에 부하직원이 동조했을 때 자신에게 찬성했다고 생각한다. 그런데 비위를 맞추기 위한 동기가 있었다는 생각이 들면 '행동(동조)'과 '태도(찬성)'의 연결이 끊어진다.

행위자 - 관찰자 효과
– '실수한 부하직원인 나'와 '그 모습을 본 상사'의 간극

앞에서 살펴보았듯이 **우리는 타인의 행동을 '특성'으로 쉽게 판단한다. 한편으로 나의 행동은 '상황'의 탓으로 돌리기 쉽다.**

입장을 달리 해보자. 일하다 실수를 저질렀는데 사실은 직장상사가 업무를 비효율적으로 배분해서 다른 사람보다 과도한 업무에 시달렸거나, 상사가 애매하게 상황과 과제를 지시했을 수도 있다. 그럼에도 상사는 부하직원의 실수를 노력과 능력이 부족한 탓으로 돌린다.

이처럼 **행위자**(부하직원인 나)**와 관찰자**(상사) 사이에서 일어나는 **귀속 간극을 '행위자-관찰자 효과'**(Jones & Nisbett, 1987)라고 한다. 직장에서 실제로 이런 일이 일어난다면 둘의 사이는 악화될 게 뻔하다.

이 현상을 검증한 173가지 연구 결과를 통합해 분석(메타분석)한 보고에 따르면, 행위자와 관찰자의 귀속 간극은 생각보다 차이 나지 않았다. 또한 **부정적인 사건일 때는 간극이 일어나**

지만, 긍정적인 사건에 대해서는 그렇지 않다고 보고되었다(Malle, 2006).

즉, '행위자-관찰자 효과'의 대상을 내가 실수한 사건으로 바라보면 된다. 특히 부정적인 사건일 경우에 인간은 자신의 행동을 상황의 탓으로 돌리기 때문이다. 이제 나올 '자기 봉사적 편향' 과도 관련 있다.

자기 봉사적 편향
– 팀으로 모여 일을 성공시킨 경우

인간은 실패했을 때 행동의 원인이 상황에 있다고 생각한다. 반면에 성공한 원인은 스스로 잘했기 때문이라고 생각한다. 나한테 좋은 쪽으로 해석하기 때문에 **'자기 봉사적 편향'**이라고 한다(Miller & Ross, 1975). 내가 일을 그르친 이유는 상사의 지시가 잘못되었기 때문이지만, 내가 일을 성공한 이유는 나의 노력과 뛰어난 능력 덕분이라고 생각하는 경우가 이에 해당한다.

'자기 봉사적 편향'이 문제되는 경우는 팀에서 다른 사람과 같이 일할 때다. 일이 성공적으로 끝났을 때 둘 다 그 결과를 자신에게 귀속시키고 본인이 상대방보다 성공에 공헌했다고 생각한다.

이처럼 여러 명이 내놓은 결과에 실제보다 본인에게 공을 돌리는 것을 '자기 중심성 편향'이라고 한다(Ross & Sicoly, 1979). 반면에 실패로 끝나면 두 명 모두 상황을 탓하며 상대방의 책임을 더 크게 바라본다.

직장에서 이런 현상이 발생하면, 저 사람보다 내가 성공에 기여한 바가 크다고 생각해 평가가 정당하지 못하다고 생각한다. 또한, 실패했을 때는 동료의 책임이 더 크다고 생각해 나만 손해 보았다고 생각한다. 둘의 관계는 나빠지고 상사를 비롯한 주변 사람에게도 불만을 품게 된다.

(2) '앞날을 예측할 때'와 '과거를 떠올릴 때' 발생하는 편향

▶ 틀림없이 잘될 거야
– 앞날 예측

인간은 자신의 특징과 능력을 원래보다 더 높게 생각한다(Taylor & Brown, 1998). 긍정적인 자기 지각에 대해서는 PART 3에서 자세하게 다룰 예정이다. 긍정적인 자기 지각에서 발생하는 현상 중 하나는 앞으로 나에게 긍정적인 일이 일어날 가능성이 높다고 짐작하는 것이다.

인간은 자신에게 유리한 인과이론을 만들거나, 그 이론에 일치하는 증거를 평가한다. 이를 반복하면 나에게 긍정적인 일이 일어나고, 부정적인 일은 벌어지지 않으리라는 낙관적 신념을 가지게 된다. 이러한 경향은 동기에 의한 인지 과정에서 발생한다(Kunda, 1987).

낙관적 자세가 가진 좋은 측면도 있다(이는 분명하며 PART 5에서 자세히 설명하겠다).

그럼에도 낙관적 자세가 우리에게 좋지 않은 영향을 미치기도 한다. 병에 걸릴 가능성이 희박하다는 생각이 들면, 그런 상황을 회피하기 위한 방법을 강구하지 않는다. 또한, 재해나 범죄를 겪을 가능성이 낮다고 짐작되면, 그런 상황을 경계하고 대책 세우기를 귀찮아한다. 인간은 무의식적으로 '나는 괜찮을 거야'라고 믿지만 현실은 녹록지 않다.

▶ 여유롭게 시간을 지킬 수 있다

– 계획 착오

앞날을 낙관적으로 예상한다는 것은 해야 할 과제를 마무리하는 시간도 얼마 걸리지 않는다고 예측하게 만든다. 이를 '계획 착오' 현상이라고 한다(Buehler et al., 1994).

다음 주 안에 거래처 A와 B 회사에 제안서를 건네야 한다. 이런 경우 인간은 대개 '하다 보면 일주일 안에 끝낼 수 있으니까, 이번 주는 A 회사에 건넬 서류만 정리해놓자'라고 생각한다. 그리고 다음 주 월요일이 찾아왔지만 A 회사에 넘길 제안서는 아직 끝내지 못했고, B 회사 제안서는 아직 손도 대지 못했다.

누구나 비슷한 경험이 있지 않은가. 학교 시험공부도, 저번달 처리해야 했어야 할 회사 일도, 단 하루라도 일찍 끝낼 수있다고 생각했는데 현실은 달랐다. 낙관성이 두드러지는 사례다.

▶ 처음부터 그렇게 될 거라고 예상했다
– 과거의 상기

'앞날 예측'뿐 아니라 '과거에 대한 해석'을 할 때도 편향이 발생한다. 어떤 일의 결과를 알고 나면 그 일이 일어날 거라고 예측했다는 식으로 말한다. 이는 '결국 그렇게 된다고 알고 있었던 태도 knew it all attitude'라는 현상이다(Fischhoff & Beyth, 1975). 이 현상을 '사후 과잉 확신 편향 효과'라고도 한다(Christensen-Szalanski & Willham, 1991).

사건의 결과가 명확해진 이후에서야 우리는 그 결과가 예측 가능한 일이었다고 생각한다. '애초부터 그 계획대로 될 줄 알았어'와 같은 경우다. 사건 발생 전과 다르게 예측했더라도 기억은 왜곡되고 그 결과는 예측 가능한 수준이었다고 생각한다.

이 현상을 검증한 122가지 연구 결과를 통합해 분석(메타 분석)한 보고에 따르면, 사후 과잉 확신 편향 효과는 예상보다 크지 않았다(Christensen-Szalanski & Willham, 1991). 상황에 따라 효과가 나타나지 않을 때도 있다. 특히, 일어나지 않은 사건보다 이미 일어난 사건에서 효과가 미비했다.

또한, 사건을 실제로 경험한 경우(예를 들어, 스포츠 시합에서 실제로 그 팀이 패배하는 걸 보았을 때)에는 실제 경험하지 않았을 때보다 효과가 낮았다. 그 밖에도, 전문지식이 있는 경우(의사가 전공 분야 질문을 받을 때)에도 전문지식이 없을 때보다 효과가 낮았다.

사후 과잉 확신 편향 효과는 동기적 요인보다 인지적 요인에 의한 현상이라고 보는 편이 타당하다. 즉, 인간이 '처음부터 그렇게 될 줄 알았어'라고 생각하는 이유는 뛰어난 예측 능력 덕분(동기적 이유)이라고 착각할 수도 있지만, 사실 그전에 어떤 결과를 예측했는지 기억나지 않기 때문(인지적 이유)이라고 보는 편이 타당하다.

(3) '집단' 범주에서의 편향

여기서는 '집단의 정체성'에 관한 이론과 '집단의 범주화'에 동반되는 편향을 이야기한다(다른 '집단'의 인상에 관한 이야기는 PART 4에 더 많이 나온다).

▶ 우리들인가 그 외인가

– 집단의 범주화

나를 포함한 다수의 사람을 두 팀으로 나누어 스포츠 경기를 한다고 해보자. 제비뽑기로 우리 팀과 상대 팀으로 나눈다. 집단 범주화된 상황이다. 같은 팀에 있는 사람은 '내집단 구성원', 다른 팀에 있는 사람은 '외집단 구성원'이라고 한다.

범주화된 집단에서는 같은 범주 내의 유사성이 크게 지각된다. 즉, **상대 팀 사람들은 다 비슷해 보이고, 우리 팀 사람들도 핵심 요소는 비슷하다고 생각한다.** 동시에 두 범주의 차이점은 더 크게 인식된다. **우리 팀 사람들이 저 사람들과는 다르다고 생각하는** 이유가 여기에 있다.

사회적 정체성 이론은 '집단 범주화'에 동반되는 '**집단 내 유사성**'과 '**집단 간 차이**'에 대한 지각을 다룬다(Tajifel & Turner, 1979). 이 이론에서는 제비뽑기를 한 결과, 우연히 속한 집단이라도 '내집단'과 '외집단'에 대한 지각이 생긴다.

▶ 나는 어디의 누구일까
– 자기 범주화

'집단의 범주화'는 사회적 정체성과 각 집단에 대한 지각의 차이만 부여하지 않는다. **인간이 '내집단'에 정체성을 느끼게 되면 그 집단의 구성원에 적절하고도 걸맞게 행동한다.** 그리고 그 행동은 규범으로 자리 잡아 내면화된다. 이것이 '자기 범주화' 이론이 주장하는 바다(Turner, 1987).

'집단 범주화' 이론에서는 나를 어떤 집단으로 범주화할지에 대해 이야기한다. 현실 사회에서도 인간은 하나의 범주의 구성원이 아닌 복수의 사회적 범주에 소속된다.

예를 들어, 상사를 포함한 회사 경영진 입장에서는 고작 직원 한 명일 뿐이고, 거래처 A의 입장에서는 B 회사의 직원일 뿐이다. 또한, 테니스 클럽에서는 C 복식팀의 선수일 뿐이다. 범주는 수없이 많고 상황에 맞추어 나를 범주화시키는 집단이 달라진다. 테니스 클럽에서 단체전 시합 때는 'C 팀인 나'가 된다. 부하직원이라든가 B 회사 직원이라고 자기 범주화하는 경우는 거의 없다.

▶ 내가 속한 집단이 이득을 얻도록
– 내집단 편들기

집단이 구분되어 있을 때 우리는 내집단 구성원을 좋아한다고 알려져 있다. 그렇기 때문에 **'내집단'과 '외집단'에게 자원을 분배할 때 차이가 많이('내집단'에 많이 분배)** 난다(Tajfel et al., 1971).

우리 집단과 다른 집단이 사무실을 같이 쓸 때 우리 쪽에 더 많은 공간을 할당한다. 제비뽑기로 임의로 그룹이 나누어졌어도 그룹만의 대표적인 특징이 없더라도 변하지 않는 현상이다.

집단의 형태로 구분만 되어도 '내집단 편들기'가 생긴다. 특히, 내집단 구성원에게 호의가 있거나 내집단의 중요성을 높게 인지할 때 이러한 경향은 두드러진다. 예를 들면, 소수파 집단에 있거나 지금은 우위를 지키고 있는 집단에 속해 있지만 관계가 역전될 것으로 예상될 때다.

▶ 상대 그룹은 모두 취향이 비슷한 사람들
– 집단 균질성

앞에서 설명한 바와 같이 범주 내 유사성은 높게 인지된다.

내집단과 동일시할수록 내집단 구성원이 나와 비슷하다고 생각한다.

'**외집단**'은 '**내집단**'보다 다양성을 낮게 인지한다(Quattrone & Jones, 1980). 우리 집단에는 다양한 사람들이 모여 있지만 다른 집단 구성원들은 다들 비슷해 보인다. 이 효과는 외집단이라는 형태만 보고 판단하는 고정관념이다.

▶ **방해하는 구성원**
 – 검은 양 효과

내집단의 균질성을 인지하게 되면 마음에 들지 않는 내집단 구성원을 저평가하게 된다. 본인이 속한 집단에 융화되지 않는 것을 분리시키겠다는 의미다.

내집단의 우위성을 확인하려면 내집단과 외집단을 비교할 때 '**내집단의 우수한 구성원**'을 '**외집단의 우수한 구성원**'보다 고평가하고 '**내집단의 뒤떨어지는 구성원**'을 '**외집단의 뒤떨어지는 구성원**'보다 저평가한다. 이를 '**검은 양 효과**'라고 한다(Marqus et al., 1988).

'내집단 편들기' 현상이 일어나는 동시에, 내집단 구성원을 부정적으로 평가하기도 하는 것이다.

지금까지 '사고의 습관' 몇 가지를 보았다. 이 현상을 '편향'이 아닌 '효과'라고 부르기도 한다. 이 연구자는 처음에 논문이나 저서에 쓴 'effect'를 '효과'라고 번역했다.

'효과效果'는 효능과 같은 뉘앙스가 내포되어 있는데, '사고의 습관'이 판단에 끼치는 '영향'이라는 의미에 가깝기도 하다. 어느 쪽이든 부정적인 이미지를 수반하는 '편향'이라는 말에 이 현상을 묶어서 설명하지 않은 의도가 있다는 생각이 든다.

다른 이야기를 잠깐 하겠다. '사고의 습관'을 인정할 수 있겠는가. 아니면 나는 이러한 '습관'이 없기 때문에 이해하지 못하겠는가.

'나도 사고의 습관이 있겠지만 다른 사람(직장상사처럼 이름이 떠오르지 않을 수 있다)이 더 심하다'라고 생각했을 수도 있다. 이 역시도 '습관'의 영향이다. **인간은 '타인이 나보다 편향적 사고를 많이 하고 영향도 더 많이 받는다'고 은연중에 판단한다**(Pronin et al., 2002). 즉, 이렇게 생각하는 것도 '사고의 습관'인 것이다.

PART 2

'타인'의 인상은
어떻게 만들어질까

CHAPTER 03

당신은 '사람을 잘 파악'할까

대인인지 '확증 편향'은 자주 일어난다

【문제】 당신은 '사람을 잘 파악한다'고 생각하는가? 다음 보기 중
당신의 생각과 가장 가까운 답을 골라라.

1. 전혀 그렇지 않다   2. 거의 그렇지 않다

3. 조금 그렇지 않다   4. 약간 그렇다

5. 거의 그렇다   6. 매우 그렇다

이 질문에 정답은 없다. 내가 '타인'에 대해 얼마나 알고 있는지 고민했다는 데 의의를 두고자 한다.

PART 1을 읽기 전이었다면 지금과는 다른 대답을 골랐을지도 모른다. 우리는 이미 인간의 공통점인 '사고의 습관'에 대해 몇 가지 알아보았다. 인간은 합리적인 사고를 건너뛰고 타인의 실패를 '그 사람의 잘못'으로 단정 짓거나, '다른 그룹보다 우리가 뛰어나다'고 으레 짐작하는 경향이 있다. 이런 심리를 알게 되니 이제는 '사람을 파악할 수 있다'는 자신감도 조금씩 흔들린다.

CHAPTER 3에서는 '사고의 습관' 중 대인인지 **'확증 편향'**에 대해 알아보려 한다.

'확증 편향'이란 지각자知覚者**가 '신념', '기대' 혹은 '가설'과 일치하는 정보를 탐색하고 해석하는 사고방식이다**(Nickerson, 1998). **또한, 정보를 기억할 때도 '신념'이나 '기대'의 영향을 받는다**(Costabile & Mandon, 2019).

요약하자면 '저 사람은 ○○한 사람이야'라는 생각이 들면 상대의 다양한 정보 중 이 '신념'과 일치하는 정보만 찾아낸다. 심지어 상대의 행동도 '신념'과 일치되도록 해석하고 '신념'과 일치하는 행동만 기억한다.

인간이 자신에게 유리한 증거를 모으는 이유는 '신념'이 옳았음을 확인하기 위해서다.

'확증 편향'은 정보처리 단계 곳곳에 영향을 미치기 때문에 나의 '신념'은 객관적 타당성을 보장받았다는 틀린 감각을 가지게 된다. 그리고 '신념'은 점점 견고해진다.

사실, 불일치하는 증거(반증사례)를 찾아내 '신념'이 옳고 그른지 검증해야 하지만 인간의 사고는 그리 쉽게 방향을 틀지 않는다.

지금부터는 정보처리 단계인 '정보 탐색', '기억', '해석', '예측'에 대해 인간이 어떻게 '신념'을 확증하는지 사회심리학 연구를 통해 알아보자.

이 연구들을 설명하기 앞서 사회심리학 연구가 어떻게 진행되는지 간략하게 설명하겠다.

이 책에 언급된 연구는 대부분 '실험'을 한다. '참가자'는 실험에 참여하는 사람들이며 통상적으로 연구의 본래 목적을 모른 채 과제를 수행한다. 연구 과제에 따라 몇 가지 패턴을

짜놓는데, 이 중 한 가지를 수행할 때도 있다.

예를 들어, 참가자가 100명 있고 A와 B라는 두 가지 과제 패턴이 있다고 치자. 50명은 A를, 나머지 50명은 B를 수행한다. 다른 패턴을 수행하는 또 다른 참가자가 있다는 사실은 알리지 않는다. 다른 그룹의 존재를 아는 것이 결과에 영향을 미치기 때문이다.

다만, 영향이 미비하다고 판단되면 동일 참가자는 A와 B 패턴을 모두 수행하게 된다. 그러면 A 패턴도 B 패턴도 100명분의 데이터가 쌓인다. 모든 연구에서는 과제 도중 혹은 종료 후에 참가자의 태도와 행동을 관찰하고 측정해 A와 B 패턴에 따라 어떤 변화가 발생하는지 분석한다.

지금 설명한 내용이 가장 간단한 연구 디자인이다. 본래의 절차는 상당히 복잡하다. 실제 상황과 유사하게 설정해놓으면 이처럼 복잡해진다. 이 책에서는 다소 생략된 절차로 설명하겠다.

이제 정보처리에 따른 '확증 편향'을 기업 채용 면접에 빗대어 순서대로 살펴보겠다.

무엇을 발견하려고 하는가
— '정보 탐색' 단계

입학시험, 취업 준비로 누구나 면접 경험이 있을 것이다. 혹은 면접 담당자였을 수도 있겠다.

기업 채용에서는 일반적으로 입사지원서, 필기시험, 그룹 토론, 면접 등을 통해 심사한다. 심사 방법이 다양한 이유는 능력, 기술, 직업관, 태도 등 다방면으로 검증해야 하기 때문이다. 특히, 면접은 몇 차례나 있을 정도로 채용에서 중요한 역할을 한다.

면접관은 지원자가 제출한 서류, 시험 결과 등의 자료를 참고하면서 면접을 진행한다. 그런데 **얼굴을 보기 전에 자료를 통해 지원자의 이미지가 형성되면 면접 질문에 영향을 미칠 가능성이 높아진다. 이미지를 확증하려는 질문이 무심결에 나온다.** 이러한 확증적 '정보 탐색'을 검증한 연구(Trope & Thompson, 1997)가 있다. 지금부터는 실험 참가자 입장에서 읽기 바란다.

실험 참가자는 두 사람(목표 대상)이 특정 사회 문제에 어떤 반응을 보이는지 관찰해야 한다. 질문은 총 다섯 개로 목표 대상은 '예, 아니요'로만 대답 가능하며, 참가자는 목표 대상이 어떤 생각을 하는지 직접적으로 물어보면 안 된다.

면접장에는 면접관 역할을 맡은 참가자와 입사지원자 역할을 맡은 목표 대상이 있다. 질문은 다섯 번만 할 수 있다. 질문 다섯 개를 지원자 둘에게 배분해야 한다.

덧붙여 참가자는 사전에 목표 대상의 정보를 전달받았다. 여러 패턴 중 하나를 예로 들면, 목표 대상 중 한 명은 채식주의자이고 다른 한 명은 방송국 프로듀서다.

면접관의 임무는 '모피를 얻기 위한 동물 도살(가축을 죽이는 일)' 혹은 '정부의 영화산업 검열'에 어떤 반응을 보이지 밝혀내는 것이다. 다른 참가자를 대상으로 실시한 사전 예비조사에 따르면, 채식주의자는 '동물 도살'을 반대하고 방송국 프로듀서는 '정부 검열'을 반대하는 태도를 보일 거라는 예측이 나왔다.

참가자의 질문 수를 비교해본 결과, '동물 도살'에 관한 반응을 검증할 때는 채식주의자보다 방송국 프로듀서에게 질문을 더 많이 했다. 반대로 '정부 검열'에 대한 반응을 검증할 때는 방송국 프로듀서보다 채식주의자에게 더 많은 질문을 했다. 이는 참가자가 사전 정보를 통해 목표 대상의 반응을 예상했기 때문에 정보 탐색을 멈춘다는 가능성을 시사한다.

다음 연구에서 목표 대상 한 명에게 두 가지 질문을 하도록 요청했다. 그 결과, 목표 대상의 정보에서 추측할 수 있는 반응을 확증할 만한 질문을 한다는 사실을 알아냈다.

인간은 자신의 '신념'에 확신이 있기 때문에 정보를 수집할 기회가 생기면 그 '신념'을 뒷받침할 정보를 탐색한다.

이 연구에서 참가자를 채용 면접의 담당자로, 목표 대상을 입사지원자로 바꾸어 생각해보자.

면접관은 입사지원자가 '스포츠팀 리더'라는 정보를 알고 있다고 해보자. 그리고 면접관은 이 범주에 대해 '외향적'이라는 이미지를 가지고 있다.

면접관은 입사지원자가 여러 상황에서도 외향적으로 행동하리라 이미 판단했기 때문에 이와 관련된 질문은 하지 않을 가능성이 있다. 질문을 한다 해도 '다른 사람과 커뮤니케이션을 잘하나요' 정도의 확증적 질문만 나온다.

어떤 관심사를 기억하는가
– '기억 부호화' 단계

인간은 다양한 정보를 기억하고 유지한다. 그리고 판단을 내
릴 때 필요한 정보를 꺼낸다. 이번에는 정보를 '기억하는 단
계(부호화)'와 '기억을 떠올리는 단계(검색)'에서 '신념'이 어떻게
확증되는지 함께 알아보자.

면접장으로 다시 돌아가 보자. 면접관은 입사지원자의 수
많은 정보 중 자신의 '신념'이 확증된 정보를 확증되지 않은
정보보다 선명하게 기억할 가능성이 높다. 이러한 '선택적 부
호화'를 검증한 연구(Lenton et al., 2001)가 있다.

이 연구의 실험 참가자는 목록에 적힌 단어 75개를 외웠다.
참가자 절반이 받은 단어 목록에는 남성의 고정관념에 관련
된 단어가 15개가 포함되어 있다('법률가', '병사' 등).

첫 번째 단어 목록을 본 참가자는 3분 동안 단어와 관련
없는 과제를 수행했다.

그다음, 새로운 46개 단어 목록을 보여준 뒤 처음에 받은

단어 목록에도 똑같은 단어가 있었는지 물어봤다. 실제로는 46개 단어 중에 10개만 겹친다. 나머지 36개는 새로운 단어다. 이 중에는 처음 단어 목록에는 없지만, 남성과 여성의 고정관념에 관련된 직업이나 성격을 나타낸 단어가 섞여 있다 (여성의 고정관념을 나타내는 단어는 '도서관 사서', '따뜻하다' 등).

연구 결과, 처음에 외운 단어가 두 번째 단어 목록 있을 경우, 높은 확률로 '있었다'라고 대답했다.

문제는 다음 연구 결과다. 첫 번째 목록에 없는 단어인데도 고정관념(남성 또는 여성)과 일치하는 단어에 대해서는 '있었다'라는 기억 오류가 발생했다. 예를 들어, 처음 목록에서 여성의 고정관념에 관련된 단어를 외운 참가자는 두 번째 목록에서 처음 보았을 '도서관 사서'를 처음 단어 목록에 '있었다'고 착각했다.

인간은 자신의 '신념'에 부합하는 것을 기억하고 실제로 없던 것마저 기억에 있는 것처럼 생각한다.

이 연구의 참가자들이 방금 전 채용 면접관이 된다면 어떤 일이 일어날까. '스포츠팀 리더'였던 지원자를 보고 '외향적'

이미지와 부합하는 것을 떠올릴 가능성이 높다. 게다가 실제로는 해당 지원자의 이야기나 행동이 아니었는데도 '외향적' 이미지에 부합한다는 이유만으로 '있었다'라고 잘못 기억하고 있을 수도 있다.

　사회적 활동에 관한 질문에 '봉사활동 경험이 있다'고 대답했다고 해보자. 면접관은 나중에 지원자의 대답을 떠올릴 때 '여러 사람과 협력해서' 봉사활동에 참여했다고 멋대로 기억할지도 모른다. 혼자 봉사활동을 했을지도 모르는데 '외향적'이라는 이미지대로 기억하게 된다.

무엇을 되돌아볼까
－ '기억 검색' 단계

무언가를 외울 때 들어온 정보가 기억에 영향을 미칠 가능성이 있다고 앞서 설명했다. 이미 무언가를 외운 상태에서 나중에 들어온 정보로 인해 기억에 문제가 생기기도 한다. 이를 검증한 연구(Snyder & Uranowitz, 1978)가 있다.

연구 참가들은 베티라는 여성에 관한 글을 읽고 그녀의 인상에 대한 질문을 받았다. 베티가 태어난 순간부터 직장을 다니기 전까지의 이야기로 그중 일부를 가지고 왔다.

> 베티는 고등학교 때 남자친구는 없었지만 데이트는 했다.

이 글을 읽은 후 일부 참가자는 베티가 '동성애자' 혹은 '이성애자'라는 정보를 들었고, 다른 일부는 아무런 정보도 듣지 못했다.

이 과제를 수행하고 한 시간이 지났을 때 참가자는 베티에 관한 글을 기억해내는 문제를 풀었다. 다음 네 가지 보기 중 골라야 한다. 다음은 문제의 예시다.

> 고등학교 때 베티는
>
> (a) 남자와 가끔 데이트했다.
>
> (b) 남자와 데이트하지 않았다.

(c) 한 명하고만 데이트했다.

(d) 정보가 없다.

답변 분석 결과, 베티를 '동성애자'라고 알고 있는 참가자는 '이성애자'라고 알고 있는 참가자와 아무런 정보가 없던 참가자보다 '동성애자' 이미지와 일치하는 보기를 선택했다.

그리고 한 시간이 후에 실시한 기억 테스트 직전에 '동성애자', '이성애자' 정보를 전달받은 경우에도 결과는 동일했다.

즉, 방금 전에 기억을 했든 기억을 막 떠올리기 직전이든 간에 주어진 정보에 따라 기억이 재구성된다는 이야기다.

즉, 인간은 자신의 '신념'에 부합하는 기억을 떠올린다.

면접이 끝난 후 이력서에서 '스포츠팀 리더'라는 정보를 발견했다고 해보자. 시간이 흐르고 면접을 떠올려보면 그 이미지에 부합하는 것들만 기억난다. 게다가 실제 면접에서 보았을 리 없는 것이 '떠오르기'도 한다.

무엇을 간파하는가
─'해석' 단계

구인 공고를 냈는데 지원자가 몰리면 개개인에게 시간을 많이 할애할 수 없다. 짧은 시간 안에 사람을 파악하다 보니 **면접관 본인이 가진 이미지에 부합되도록 지원자의 이야기와 행동을 해석할 가능성이 있다.** 이러한 정보 '해석'을 검증한 연구(Kulik, 1983)가 있다.

연구 참가자는 비디오 영상을 시청하는데, 다음과 같은 설명을 들은 상태다. 비디오는 사회적 상호작용에 대한 연구를 진행할 때 녹화한 영상이며, 등장인물(목표 대상)과 상대역은 처음 만난 상황이다. 사실 상대역은 훈련된 실험 협력자다.

영상에는 여덟 가지 패턴이 있고, 참가자는 그중 하나를 시청하게 된다. 참가자의 조건을 어떤 기준으로 분류했는지 다음 페이지의 그림 4를 참고하기 바란다.

이 연구에 쓰인 영상은 A, B, C 세 가지 파트로 나뉜다. 각 파트에 대한 설명이다.

	A ⟶	B ⟶	C
	(상대역과 대화한다) 목표 대상의 행동 외향적 or 내향적	(대기시간 시작) 누구와 함께 기다릴까 규범(상대역) or 비규범(모르는 사람)	(대기시간 중) 대기시간에 대화를 나눌까 사교적 or 비사교적
1	외향성 조건	규범 조건	사교적 조건
2	외향성 조건	규범 조건	비사교적 조건
3	외향성 조건	비규범 조건	사교적 조건
4	외향성 조건	비규범 조건	비사교적 조건
5	내향성 조건	규범 조건	사교적 조건
6	내향성 조건	규범 조건	비사교적 조건
7	내향성 조건	비규범 조건	사교적 조건
8	내향성 조건	비규범 조건	비사교적 조건

(Kulik, 1983 참고해 작성)

[그림 4] 실험에 이용된 영상

　가장 먼저 나오는 파트 A 영상에는 실험실에 있는 목표 대상이 등장한다. 참가자 절반은 목표 대상이 상대역을 외향적으로 대하고 외향적인 대화를 나누는 모습을 본다(외향성 조건). 나머지 절반은 목표 대상이 상대역을 내향적으로 대하고 내향적인 대화를 나누는 모습을 보았다(내향성 조건).

　그다음 파트 B 영상에는 실험실에서 나온 목표 대상이 등장한다. 참가자 절반은 목표 대상이 상대역과 함께 실험실을 나와 다음 연구를 기다리는 모습을 본다(규범 조건). 나머지 절반의 참가자는 목표 대상이 혼자 실험실을 나와 생판 모르는 사람과 함께 기다리는 모습을 본다(비규범 조건).

마지막 C 파트 영상에서 실험을 기다리는 목표 대상이 등장한다. 참가자 절반은 목표 대상이 함께 대기 중인 사람과 대화하는 모습을 본다(사교적 조건). 나머지 절반은 대화하지 않는 모습을 본다(비사교적 조건).

파트 B 영상에서 상대역과 함께 기다리는 조건을 '규범 조건'이라고 하는 이유는, 이미 안면을 튼 사람과 대화하면서 기다리는 행위는 일반적으로 규범적 행동으로 보기 때문이다.

영상 시청이 끝나고 참가자는 연구를 기다리는 동안 목표 대상이 왜 그런 행동을 했는지 이유를 분석했다. 즉, 행동의 '원인'을 물어보았다.

참가자의 대답을 분석한 결과, 규범·비규범 조건과는 무관하게 외향성 조건은, 내향성 조건보다 목표 대상의 이미지와 어울리지 않는 비사교적 행동을 상황에 따른 것으로 판단했다. 내향성 조건은 외향성 조건보다 목표 대상의 이미지에 맞지 않는 사교적 행동을 상황 때문이라고 생각했다. 또한, 외향성 조건에서는 이미지와 어울리는 사교적인 행동이 원래 성격이 그렇기 때문이라고 판단했고, 내향성 조건에서도 이미지와 어울리는 비사교적인 행동이 성격 때문이라고 판단했다.

즉, 대기하는 동안 외향적인 사람인데 대화를 나누지 않거나 내향적인 사람인데 대화를 나누는 이유가 상황에 있다고 생각했고, 외향적인 사람이 대화를 나누고 내향적인 사람이 대화를 나누지 않는 이유를 성격 때문이라고 생각했다.

인간은 자신의 '신념'에 부합하도록 정보를 해석한다.

면접관은 '스포츠팀 리더'였던 지원자의 사교적인 행동이 단순히 외향적인 성격에서 나왔다고 생각한다.

그런데 이 지원자가 긴장한 모습을 보이면 면접이라는 상황에 원인이 있다고 생각한다. 따라서 '오늘은 날이 날인지라 긴장한 것 같은데 원래는 사교적인 사람이다'라고 생각한다.

면접관 눈에 내향적인 지원자는 어떤 이미지일까. 똑같이 긴장하더라도 이번에는 순전히 그 사람의 성격 때문이라고 생각하지 않을까.

무엇을 예견하는가
— '예측' 단계

채용 면접에서는 지원자가 실제로 입사한 후 어떤 성과를 올릴지 예측하는 것이 중요하다. '미래 행동 예측'에 대해서는 방금 전 연구(Kulik, 1983)에서도 검증했다.

참가자는 영상에 등장하는 목표 대상이 다른 상황에서는 어떤 행동을 할지 예측했다. 그 상황이란 다음과 같다.

> 목표 대상은 엘리베이터를 기다리다 낯익은 얼굴 보았다. 확실치는 않지만 예전에 만난 적이 있는 것 같다. 그런데 그 사람은 나를 몰라보는 것 같다.

목표 대상은 그 사람에게 '우리 어디서 본 적 있나요'라고 물어볼까. 참가자는 그 가능성을 예측해 보았다.

답변 분석 결과, 방금 전 행동의 '원인'을 물어본 질문에 대해 외향적인 목표 대상의 비사교적인 행동 또는 내향적 목표 대상의 사교적인 행동은 상황 때문에 이미지와 불일치하는 행동을 했다고 해석한 참가자일수록, 이번에는 목표 대상이 성격의 이미지와 일치한 행동을 할 거라고 예상했다.

즉, '목표 대상은 내향적이지만 연구에 같이 참가한 사람과 함께 기다릴 수밖에 없는 상황에서 기다리는 시간 동안에만 사교적으로 행동했'고 생각한 참가자는, 이번에는 아는 사람인지 어떤지도 모르는 사람에게 먼저 '어디서 본 적 있나요'라고 물어보지 않을 것 같다고 대답했다.

참가자는 이미지와 불일치하는 행동은 기다리는 시간이라는 상황에 따른 행동이며, 상황의 영향을 받지 않는다면 목표 대상은 이미지와 일치하는 행동을 할 거라고 예측했다.

인간은 자신의 '신념'에 부합하도록 타인의 행동을 '예측'한다.

면접관은 '스포츠팀 리더'인 지원자가 입사 후에도 사교적으로 활동하리라 예측한다. 반면, 내향적인 이미지를 가진 다른 지원자는 면접 때도 긴장하는 성격인 걸로 보아 업무 소통도 어렵지 않을까 걱정한다. 똑같은 행동인데도 이미지와 일치하는 방향으로 '해석'하고, 다른 상황에서도 이미지와 일치하는 행동을 할 거라고 '예측'한다.

　지금까지 타인의 사회적 범주에 관한 정보에 대해 특정 '신념'을 가지는 경우(예를 들어, 스포츠팀 리더는 외향적이다), 그 '신념'이 상대에 관한 정보처리에 어떤 영향을 미치는지 알아보았다. 정보처리의 각 단계에 미치는 영향을 정리하면 다음과 같다.

　'신념'으로 '추측'하면 그 이상의 정보는 탐색하지 않는다. 혹은 '신념'에 일치하는 정보가 확증적으로 탐색될 때 '기억'으로 저장한다. 정보는 '신념'에 일치하도록 '해석'되고, '신념'과 일치한 '예측'이 이루어진다.

　'스포츠팀 리더'를 예로 들었는데 사실 이와 똑같은 일을 겪은 학생이 세미나에 있었다. 그 학생은 평소에도 완성도 높은 연구를 발표했고 토론할 때도 날카로운 의견을 제시했다. 외부활동으로 바빴을 텐데도 논문을 챙겨 읽고 논문에서 얻은 아이디어로 실험을 계획하고 진행했다.

　취업 활동 시즌 무렵 그 학생이 나를 찾아와 '면접에 가면 스포츠 경기나 리더 경험만 물어본다'고 토로했다.

만약 면접관이 학업이나 졸업 논문에 대해 질문했다면 그 학생이 연구에 얼마나 진심이었고 눈코 뜰 새 없이 바쁜 와중에도 단 하나도 소홀히 하지 않았는지 다양한 면모를 볼 수 있었을 것이다.

면접관이 스포츠팀에서 리더를 했던 경험만 질문하는 가운데 용기 있게 '스포츠 활동도 열심히 했지만 공부도 열심히 했다'는 말은 쉽게 나오지 않는다.

면접에서는 지원자의 정보가 많이 주어진다. 지원자 수가 많고 처리해야 할 정보가 많아질수록 채용을 결정할 때 이번 장에서 이야기한 '확증 편향'의 영향을 받을 가능성이 높다.

기업 면접 담당자 경험이 있는가. 면접이 아니더라도 타인을 판단하는 경험은 분명 있을 것이다. 이제 이번 장에서 처음 나온 질문을 다시 물어보려고 한다.

당신은 '사람을 잘 파악한다'고 생각하는가?

CHAPTER 04

당신은 '타인의 감정'을
이해하는 사람일까

타인의 심리상태를 어떻게 '추론'할까

우리는 타인이 어떤 사람인지 정확하게 이해하고 싶어 한다. 상대의 정보를 적절하게 분석하는 이유이기도 하다. 그러나 인간의 정보처리 과정에서 '신념'이 알게 모르게 영향력을 행사하고 있다. CHAPTER 3에서는 이 이야기를 했다.

'타인의 생각과 감정'을 우리는 제대로 아는 걸까. 과연 정확하기는 할까.

생각과 감정 같은 심리상태 '추론'은 다방면에서 중요하다.

일상에서도 상대의 '감정을 배려'한 소통을 중시한다. 이뿐인가 회사에서는 고객과 거래처의 '의도를 읽어내는' 능력이 필요하다.

우리는 사실 어렸을 때부터 이런 훈련을 받았다. 국어 교과서나 시험의 질문을 떠올려보자.

어떤 글을 읽고 나면 '○○의 당시 기분은 어땠을까요' 또는 '○○이 그 행동을 한 이유는 무엇입니까'라는 유형의 질문이 많았다. 등장인물의 감정과 생각을 '추론'하는 훈련이다.

타인의 심리상태를 '추론'하는 것이 왜 중요할까. 그 이유는 인간은 '추론'에 기반해 자신의 행동을 정하기 때문이다.

회사에서는 거래처의 요구사항을 추측해 기획 제안서를 수정한다. 집에서는 배우자의 기분을 헤아려 알아서 집안일을 한다. '추론'에 기반된 행동이 좋은 방향으로 흘러가는 경우가 많다.

다른 사람과의 관계에서도 심리상태를 '추론'하는 것은 중요한데 생각만큼 쉽지는 않다. 카드나 보드 게임은 상대의 전략을 간파하지 못하면 진다. 대화를 통해 다른 사람의 역할이

나 직업을 알아맞히는 게임에서는 매번 헛다리를 짚는다.

게임에서 지면 그나마 다행인데 현실에서 '추론'을 실패하면 여러 문제가 발생한다. 거래처의 요구사항이 반영되지 않은 기획안은 몇 번이고 프레젠테이션을 해봤자 통과될 리 없다. 좋은 의도로 시작했더라도 민폐가 된다면 상대의 기분만 나빠진다. '추론'의 실패 정도에 따라 사기 범죄에 노출될 가능성이 높아진다.

CHAPTER 4에서는 타인의 심리상태를 '추론'하는 과정과 '추론'이 실패하는 이유를 연구를 통해 살펴보겠다.

저 사람은 그렇게 생각할 거야
– 추론의 '통념 이론 전략'

인간은 '특정한 사회적 범주'와 '특정한 특징'을 한데 묶어 생각한다. CHAPTER 3에서 예로 든 면접관은 '스포츠팀 리더' 범주에 '외향적'이라는 이미지를 떠올린다.

사실 스포츠팀 리더들의 외향성·내향성 정도를 조사한 연구는 없다. 그러나 이러한 믿음은 '○○은 ○○이라는 이론'처럼 이용되어 판단에 영향을 미친다. 타인의 심리상태를 추론하는 방법 중 하나는 이토록 단순한 **'통념 이론'**이다.

PART 5에서 구체적으로 설명하겠지만 '통념 이론'이 반드시 잘못되었다고 말할 수 없다. 그러나 정보처리에 영향을 주며 판단의 오류를 야기한다.

최종 합격한 신입사원의 이력(스포츠팀 리더)을 본 팀장은 '외향적'인 신입이 온다고 예상했다. '이런 성격이면 모르는 일이 있어도 먼저 물어보겠지'라든가 '별다른 말이 없다는 건 특별한 문제가 없다는 거겠지'라고 생각한다.

사실 신입사원은 유난히 내향적인 사람이었다. 업무가 막혔을 때 어떻게 해야 할지도 모르겠고 물어볼 사람도 없어 혼자서 끙끙 앓고 있다.

어느 날 갑자기 '일이 맞지 않아 퇴사하겠습니다'라는 말을 들은 팀장은 깜짝 놀라고 '왜 면담 신청을 하지 않았냐'며 몰아세운다. 근본적인 문제는 팀장이 업무 내용과 진행 상황을 검토하고 관리하는 책임을 소홀히 했다는 데 있다. '통념 이론'에 따른 판단이 팀장을 태만하게 만들었다.

저 사람도 이렇게 생각할 거야
— 추론의 '시뮬레이션 전략'

갑작스럽지만 다음 설문에 대답해주길 바란다.

【문제 1】 나 자신에 대해 각 항목에 대답하시오.

A와 B 중에 해당하는 것을 고르시오.

1. A 수줍음이 많다   B 수줍음이 없다

2. A 갈색 빵을 좋아한다   B 흰 빵을 좋아한다

3. A 침울한 성격이다   B 침울한 성격이 아니다

【문제 2】 일반적인 사람에 대해 각 항목에 대답하시오.

다음 항목에 해당하는 비율은 얼마일지 대답하시오.

1. 수줍음이 많은 사람 (   )%

2. 갈색 빵을 좋아하는 사람 (   )%

3. 침울한 성격인 사람 (   )%

(Ross et al., 1977 변형)

위 설문은 한 연구(Ross et al., 1977, study2)에서 참가자가 대답한 질문의 일부다(연구 참가자는 대학생 신분이라 '일반인'이 아닌 '일반 대학생'으로 대체해 질문했다).

참가자 절반은 '나'에 대한 질문에 먼저 대답한 다음 '일반 학생'에 대해 대답했다. 나머지 절반에게는 질문 순서를 거꾸로 했다.

대답을 분석한 결과, 질문 순서와는 무관하게 문제 1에서 A를 고른 사람은 B를 고른 사람보다 A 범주에 부합하는 타인의 비율이 높다고 예측했다. 즉, 스스로 '수줍음이 많다'고 대답한 사람은 '수줍음이 많은' 타인도 많다고 생각했다.

인간은 다른 사람도 나처럼 생각하고 느낀다고 생각하는 경향이 있다. 이 또한 편향의 한 종류로 '허위 합의 효과'라고 한다. 판단할 때 이런 영향이 생기는 이유는 타인의 심리상태를 추측할 때 나의 심리상태를 투영하기 때문이다. '나는 ○○라고 생각하니까 그 사람도 당연히 ○○라고 생각하겠지'라는 시뮬레이션을 돌린다.

'시뮬레이션 전략'은 흔하게 일어나고 영향력도 막강하다. 한 연구(Krueger & Clement, 1994)에서는 '허위 합의 효과'의 영향력을 줄이기 위한 검증을 실시했다.

이 연구 참가자는 네 그룹으로 나뉜다.

첫 번째 그룹은 질문 40개에 답변하면서 자신과 일반인의 태도를 추측했다(통제 조건). 특별히 전달받은 정보는 없다.

두 번째 그룹은 '인간이란 자신과 동일한 태도를 가진 사람이 많다고 생각한다'는 정보를 사전에 전달받은 후 첫 번째 그룹과 같은 질문에 답했다. '편향'의 존재를 처음부터 인지시킨 경우다(교육 조건).

세 번째 그룹은 '타인의 태도를 추측한 답변을 받은 후에 정답을 알려주겠다'라고 말한 뒤 한 시간마다 정답률을 보여 주었다. 추측 정확성에 대한 피드백을 받아 '편향'이 배제되자 서서히 판단이 수정될 거라고 예상했다(피드백 조건).

네 번째 그룹은 교육과 피드백을 모두 받았다.

참가자의 답변을 분석한 결과, '편향'의 존재를 교육받은 경우(두 번째 그룹), 정확성 피드백을 받은 경우(세 번째 그룹), 그리고 교육과 피드백을 모두 받은 경우(네 번째 그룹) 사이에는 결과에 차이가 없었다. 세 그룹은 첫 번째 그룹과 마찬가지로 자신의 태도를 타인의 태도에 투영했다. 이러한 경향은 어지 간해서 바뀌지 않는 듯하다.

이처럼 타인에게 나를 투영하는 경향은 뿌리가 깊다. 그 이유를 '동기적 이유'와 '인지적 이유'에서 찾아볼 수 있다.

'동기적 이유'는 나의 태도가 올바르고 좋다고 생각하는 사고방식이다. 나의 인상이 긍정적이길 바라는 목표와 관련 있다(PART 3에서 상세하게 설명하겠다).

'인지적 이유'는 나의 심리상태에 관한 지식을 타인에게 적용해 인지적 부담을 줄이는 편리한 사고방식이다.

타인의 심리상태를 추측할 때 '동기적 이유'와 '인지적 이유' 사고방식이 모두 영향을 끼친다. 다만 상황에 따라 어느 한쪽이 더 우세해진다.

그렇다면 투영의 영향은 어떤 과정으로 발생할까. 과정을 자세하게 알 수 있다면 타인의 태도에 나의 태도를 필요 이상 으로 투영하지 않을 수 있다.

PART 1에서 설명한 '특성 추론 과정의 3단계 모델'(Gilbert, et al., 1988)을 떠올려보자. '자동적 과정'인 '범주화'와 '특성 평가'에 이어지는 세 번째 단계인 통제적 '수정' 과정이 상정 된다. '시뮬레이션 전략'에도 '자동적 과정'과 '통제적 과정'이 관여한다.

즉, 타인의 심리상태를 '추론'할 때 나의 심리상태를 기준으 로 세운 뒤 타인과의 다른 점을 고려해 수정해 간다. 이 영역 에서 자동적으로 기준을 세우는 행위는 '고착anchoring', 통제적 으로 수정하는 행위는 '조정adjustment'이라는 표현을 썼다.

'고착'과 '조정'은 '휴리스틱Heuristic(간단한 전략)'의 판단 방법 중 하나로(Tversky & Kahneman, 1974), 심리상태 '추론 과정'을 설명할 때도 이용된다(e.g., Epley et al., 2004).

자동적 과정인 '고착'은 의도적으로 멈추기 어렵다. 반면, '조정'은 적절하게 이용하면 타인의 심리상태도 정확하게 추론할 수 있다. 하지만 '조정'이 제힘을 발휘하는 경우는 적기 때문에 결국 나를 기준으로 판단하게 된다.

'이론 전략'과 '시뮬레이션 전략' 구분

다음 두 질문에서 각각의 전략을 살펴보자.

【문제 1】 다음 상황을 상상해서 대답하시오.

뜨거운 여름날 오후, 회의차 회사에 방문한 거래처 A 씨에게 당신은 차가운 페트병 음료(녹차나 물)를 건네려고 한다.

A는 당신과 동세대 사람이다.

A에게 녹차와 물 중 어떤 음료를 건넬까.

【문제 2】 다음 상황을 상상해서 대답하시오.

뜨거운 여름날 오후, 회의 차 회사에 방문한 거래처 A 씨에게 당신은
차가운 페트병 음료(녹차나 물)를 건네려고 한다.
A는 당신보다 나이가 꽤 많다.
A에게 녹차와 물 중 어떤 음료를 건넬까.

두 가지 상황에서 어떤 음료를 골랐든 간에 왜 그 음료를
골랐는지 생각해보자.

'나라면 ○○이 마시고 싶어'라는 이유였다면 '시뮬레이션 전략'이
이용되었다. **'상대는 ○○이니까 ○○이 마시고 싶을 거야'라는 이
유로 골랐다면 '이론 전략'**이 이용된 경우다.

'시뮬레이션 전략'은 나와 비슷한 사람에게 효과가 뛰어나
고 타당한 방법이라고 생각한다. 문제 1에서는 '동세대'라는
단서만 주어졌다. 단서는 적었지만 '나이가 꽤 많은' 상대일
때보다 나의 기호를 반영하는 데 주저함이 없었다.

타인의 심리상태를 추론할 때 인간은 두 전략을 모두 이용

하지만, **나와 비슷한 사람에게는 '시뮬레이션 전략'이, 나와 다른 사람에게는 '이론 전략'이 효과적이다.** 이를 검증한 연구(Ames, 2004)가 있다. 이 연구 절차는 다소 복잡하다. 그림 5에서 6단계 연구 절차를 참고하길 바란다.

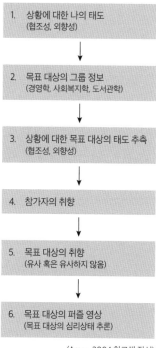

(Ames, 2004 참고해 작성)

[그림 5] 연구 절차

연구 참가자(대학생)에게 '어떤 그룹 구성원과 짝지어 퍼즐을 맞추세요'라고 공지했다. 1단계에서는 지금 상황을 어떻게 받아들였는지 여덟 가지 질문으로 물어보았다. 질문 내용은 '나는 상대가 즐겁기를 바란다'와 같은 협조성 관련 질문과 '나는 처음 만나는 자리에서 긴장한다' 등 외향성 관련 질문이었다. 참가자는 각 질문을 어떻게 생각하는지 정도를 매겨 대답했다.

2단계에서 참가자는 상대 그룹에 관한 정보를 받았다. 그들은 경영학 코스 대학원생, 사회복지학 코스 대학원생, 도서관학 코스 대학원생 중 하나다. 다른 조사를 통해 각 코스에 대한 '고정관념'은 확인된 상태다. 경영학 코스는 협조성이 낮고 외향성이 높다. 사회복지학 코스는 협조성이 높고 외향성이 중간 정도이며, 도서관학 코스는 협조성이 중간 정도이고 외향성은 낮음에서 중간 정도였다.

3단계에서 참가자는 상대 그룹 사람들이 질문에 어떤 대답을 할지 예상했다(예를 들어, '그들은 상대가 즐거워하길 바란다').

4단계에서 참가자는 본인의 취향에 관련된 세 가지 질문에 '예', '아니오'로 대답했다(예를 들어, '스포츠 관람을 좋아한다' 등).

5단계에서 목표 대상을 소개했다. 그리고 세 가지 질문에 대한 목표 대상의 대답과 참가자의 답이 모두 동일하거나(유사 조건), 모두 다르게 대답했다(유사하지 않은 조건)는 정보를 받았다.

6단계에서 참가자는 목표 대상이 다른 사람과 논리 퍼즐을 맞추는 영상을 시청한 뒤 당시 목표 대상의 심리상태를 추론했다. 이때의 질문은 방금 전에 한 여덟 가지 질문과 동일하다(예를 들어, '그들은 상대가 즐거워하길 바란다').

목표 대상의 심리상태 추론(6단계)을 분석한 결과, 유사 조건일 때 나의 태도(1단계)를 타인에게 더 많이 투영하게 된다(시뮬레이션 전략). 즉, **목표 대상이 나와 비슷하면 목표 대상과 나의 태도가 같다고 추측**했다.

이와 대조적으로 유사하지 않은 조건일 때는 목표 대상이 속한 집단에 대한 고정관념(3단계)이 더 많이 이용된다(이론 전략). **목표 대상이 나와 비슷하지 않다면 목표 대상의 고정관념에 따라 태도를 추측**했다.

인간은 '추측'할 때 목표 대상과 나의 비슷한 정도에 따라 두 가지 전략을 모두 적절하게 이용한다.

'이해했다'고 생각했을 때 미치는 영향

지금까지 타인의 심리상태를 어떻게 '추론'하는지 살펴보았다. 아무래도 상대에 따라 전략이 달라지는 듯하다. 타인의 감정을 알려고 추론하는 것과 진짜로 알고 있는지는 별개의 이야기다.

'이론 전략'에서는 고정관념이 판단 오류를 일으키기도 한다. '시뮬레이션 전략'에서도 내가 기준점이 된 후에는 수정이 비활성화된다. 그런데도 우리는 타인의 감정을 이해했다고 생각한다.

'이해했다'는 생각은 다른 상황을 '추론'할 때 어떤 영향을 미칠까. **인간은 자신의 판단과 일치하는 방향으로 상대의 감정을 읽는다.**

방금 전 예를 떠올려보자. 팀장은 '이론 전략'을 통해 신입사원이 '외향적'이라고 판단했다. 그리고 '아무 말도 없는' 행동을 단순히 '예상했던 대로 외향적이고 일도 잘하고 있다'고 받아들인다. 상대를 충분히 '이해했다'는 믿음에서 나온 해석이다.

확증은 '통념 이론(스포츠팀 리더는 외향적이다)'에 점점 확신을 불어넣는다. 이로 인해 다른 상황에서도 상대가 '스포츠팀 리더'답게 외향적으로 생각하고 감정을 느낄 거라고 믿어 의심치 않는다.

'시뮬레이션 전략'을 이용한 경우는 어떨까. 시원한 음료를 받은 '동세대' A 씨는 나와 똑같은 기분일 거라고 추측한다. 그리고 상대의 행동을 나의 판단과 일치하는 방향으로 해석한다.

A 씨는 당신이 직접 고른 음료를 받고 기뻐했다. 역시 나의 선택이 옳았다고 생각한다(다른 음료를 건넸어도 분명 기뻐했을 테다. 그런데 여기까지 생각이 발전하지 않는다). 처음부터 나와 비슷하다는 생각은 했지만 다시 한번 같은 마음이었다는 걸 '알게 되니', 더 큰 동질감을 느낀다.

이를 계기로 다른 상황에서도 상대가 나와 똑같이 생각하고 느끼리라 믿는다. A 씨에게 거래를 제안할 때도 나라면 어떤 제안을 받고 싶은지를 기준으로 기획안을 만든다.

이처럼 '시뮬레이션 전략'이든 '이론 전략'이든, 결과적으로 상대를 '이해했다'고 스스로 결론 내리면 다른 상황에서도 동일한 전략으로 추론할 가능성이 있다. 결국, 그 사람의 사고와 감정에서 점점 어긋나게 된다.

이뿐만 아니라 동일 전략으로 다른 사람을 추론하겠다는 생각으로 이어진다. 다른 '스포츠팀 리더'인데도 '이론 전략'을 이용하고, '동세대 사람'이라는 공통점만 보여도 '시뮬레이션 전략'으로 추론하게 된다.

이러한 '추론'이 쌓이고 쌓이면 나와 다른 사람들(외집단)은 극단적인 고정관념에 가두고, 나와 같은 사람들(내집단)과는 실제 이상으로 감정을 공유한다고 지각하게 된다. 결과적으로 외집단 구성원을 멀리하고 내집단 구성원에 가까워지는 경향이 두드러진다.

CHAPTER 05

당신은 왜 '그 사람을 좋아할까'

호의를 품을 때 '사고의 습관'

타인에게 호의를 품을 때도 '사고의 습관'이 일어난다. 설명에
앞서 다음 질문에 대답해보자.

> 【문제】 친구 2~3명을 떠올려보자.
>
> 당신은 왜 그 친구들한테 호의를 품게 되었을까.

아마 몇 가지 이유가 떠올랐을 것이다.

타인을 향한 호의를 일방적인 감정이나 태도로 볼 수도 있다. 그러고 보면 유명인을 대하는 '팬'의 호의도 나라는 출발점과 상대라는 도착점을 일방향 벡터로 표현할 수 있다. 그러나 누군가를 알게 되고 친밀한 관계를 맺을 때는 나와 상대가 모두 관련된 이유가 존재하기도 한다.

방금 전 친구에 관한 질문에 '멋있는 사람이다'라는 이유를 들었다면 그 친구의 어떤 모습이 멋있어 보였는지 생각해보자. 혹은 '대화가 잘 통한다'가 이유였다면 대화가 잘 통하는 것이 왜 중요한지 생각해보자.

'호의'에도 여러 종류가 있다. 지금부터 이야기하는 호의란 친근감, 우정, 애정, 존경이 포함된 확장된 의미다.

아름다운 사람을 좋아한다
- 신체적 매력

우리는 용모가 단정한 사람에게 호감을 느낀다. 다른 사람들도 용모가 단정한 사람을 좋아할 거라고 믿는다. 아름다운 사람이 다양한 상황에서 혜택받는 모습을 보았기 때문이다.

'신체적 매력physical attractiveness**'이 호감에 미치는 영향**에 관한 연구는 많이 진행되었다. 그중에는 이성 간 호감을 다룬 주제도 많다. 대학 신입생을 대상으로 한 연구(Walster et al., 1966)를 살펴보자.

연구의 배경이 되는 신입생 환영 행사에서 미지의 상대와 데이트를 한다. 블라인드 데이트다.

참가자의 취미와 성격을 참고해 데이트 상대를 짝지어준다. 그리고 '어떤 사람과 데이트하고 싶나요'라고 물어보았다. 데이트 상대에 대한 기대감을 측정하는 질문이다. 실험 협력자(선배 4명)는 참가자들 몰래 그들의 신체적 매력을 평가했다.

이틀 뒤, 참가자는 무작위로 짝이 된 상대와 댄스 파티에 참가(불참한 사람도 있다)한 뒤 상대에게 호감을 얼마나 느꼈는지, 다음번에 두 번째 데이트를 할 의향이 있는지 물어보았다.

데이트 전의 기대감을 분석한 결과, 참가자의 신체적 매력이 높을수록 상대의 신체적 매력도 높기를 기대했다. 데이트 후 진행한 평가를 분석한 결과, 자신의 신체적 매력과는 무관하게 상대의 신체적 매력이, 호감과 다음번 데이트에 영향을 주었다. 상대의 신체적 매력이 높아 호감을 느꼈다는 이야기다.

신체적 매력이 높은 사람에게 호감을 가지는 이유 중 하나는 **'아름다움은 선함'이라는 고정관념**("what is beautiful is good" stereotype, Dion et al., 1972) 때문이라고 본다. **아름다운 사람은 사회적으로 바람직한 성격일 거라고 우리들은 추론**하다.

한 연구(Dion et al.,1972)에서 참가자는 3명의 인물 사진(매력도 상·중·하)을 보고, 성격, 노후 생계 수준, 행복 수준을 추측했다. 그리고 사회적 지위가 각기 다른 직업 중 3명에게 어울리는 직업을 고르도록 했다.

참가자의 대답을 분석한 결과, 성별과는 무관하게 신체적 매력이 높은 사람이 바람직한 성격이며, 앞으로의 생활 수준도 높을 거라고 추측했다. 이는 '아름다움은 선함'이라는 '신념'에서 비롯되었다고 볼 수 있다.

어린아이도 '신념'의 영향권에 있다. 메타분석을 실시한 연구(Langlois et al., 2000)에서는 성인과 마찬가지 결과가 나왔다. 신체적 매력이 높은 아이가 능력도 뛰어나고, 긍정적인 대우를 받고, 인기도 많고, 적응력도 높을 거라고 생각한다는 사실이 분명해졌다.

인간은 신체적 매력에 관련된 '신념'을 어떻게 가지게 된 걸까. 여기서는 두 가지 과정을 살펴보아야 한다(Eagly et al., 1991).

첫 번째, 매력적인 사람과 매력적이지 않은 사람의 사회적 상황을 관찰했다. 그 결과, 매력적인 사람이 타인으로부터 좋은 반응을 더 많이 얻는다는 사실이 밝혀졌다.

두 번째, 매력적인 사람과 매력적이지 않은 사람의 문화적 표상을 관찰했다. 어린이 동화책과 애니메이션에서 영웅은 아름답고 적이나 마녀는 추레하다.

이 연구도 76가지 연구 결과를 메타분석한 후 신체적 매력에 관한 고정관념이 성격을 판단하는 데 중간 정도의 영향력이 있다는 사실을 확인했다. 명백해진 사실은 또 있다. 고정관넘은 특히 '사회적 능력'에 큰 영향을 미친다.

즉, **인간은 신체적 매력이 높은 사람을 보면서 그 사람의 '사회적 능력'을 판단**한다.

'사회적 능력'은 인재 채용이나 인재 육성에서 자주 쓰는 말이다. '사회적 능력'은 사회가 요구하는 능력으로 커뮤니케이션과 협조에도 중요하다. 이 능력이 발휘되는 행동 지침이나 행동 특성을 '역량'이라고 한다.

최근에 일본 기업의 인재 채용에서도 '역량'의 지표화가 진행되고 있다. 동일선상에서 방금 전의 연구 결과는 어떤 의미를 지닐까. 채용 면접을 예로 들어보겠다.

면접관은 '역량'에 관련된 질문을 통해 지원자의 '역량'의 수준을 파악한다. '역량'이 높으면 조직 활동 수준과 조직 공헌도를 예측할 수 있다고 생각하기 때문이다.

면접장에 신체적 매력이 높은 지원자가 있다면 면접관은 지원자의 '역량'을 실제보다 높게 판단할 수도 있다. 즉, 신체적 매력이 높은 지원자의 '역량'은 높게 판단하고, 신체적 매력이 낮은 지원자의 '역량'은 낮게 평가할지도 모른다.

특징적인 차원에 대한 평가는 다른 차원의 평가에도 영향을 미친다. 이 현상이 조직에서도 관찰된다고 주장한 연구에서는 '보편적인 후광 자부심the constanterror of the "halo"'이라고 표현했다(Thorndike, 1920). **'할로 효과'**라고 불리는 유명한 '편향'이다.

예를 들어, 어떤 사람에게 '근면'이라는 긍정적인 특징과 높은 지성이 느껴지면 전체적인 인상이 좋아 보인다. 전체적인 인상은 긍정적인 방향으로 틀어지는 경우도 있고 부정적인 방향으로 틀어지는 경우도 있다. 신체적 매력 때문에 다른 측면까지 긍정적으로 보이는 경우가 '할로 효과' 중 하나다.

비슷한 사람을 좋아한다
─ 태도의 유사성

인간은 나와 비슷한 사람을 마음에 들어 한다. 즉, 사고방식이나 가치관이 비슷해 '말이 잘 통하는' 상대에게 호감을 갖게 된다. 나와 태도가 같은 사람이 있다는 이유만으로 나의 태도에 정당성이 부여되기 때문이다.

상대가 나와 비슷할수록 호감은 더욱 커진다. 이를 검증한 연구 (Byrne & Nelson, 1965)가 있다.

연구 참가자에게 다양한 문제를 해결하는 태도를 물어보았다. 질문 개수는 참가자에 따라 다르다(4문제 이상 48문제 이하).

그다음, 다른 사람(목표 대상)의 답변을 참가자에게 보여주었다. 참가자의 답변과 유사하게 만든 답변으로, 유사성은 100%, 67%, 50%, 33% 중 하나다. 답변을 본 참가자는 목표 대상의 지성과 매력 등을 평가했다.

결과를 분석해보니, 문제 개수와는 무관하게 답변이 유사할수록 목표 대상의 매력을 높게 평가했다. 태도의 유사성이 높을수록 호감도 높아진다는 이야기다.

이 연구에서는 가공의 목표 대상을 평가했다. 따라서 목표 대상의 '유사성의 지각'과 '호의'의 연관성을 설명한 연구이기도 한데, '상호작용하는 상대방에 대한 평가'를 검증한 연구에서도 '유사성'과 '호의'의 연관성은 인정받았다.

메타분석을 실시한 연구(Montoya et al., 2008)에서는 성격과 태도의 유사성과 매력 평가는 연관성이 매우 높았다.

'유사성의 영향' 설명을 듣다가 '정반대 성격을 가진 사람과도 사이가 좋다'며 의문을 제기할 수도 있다. **나에게 없는 것을 가지고 있는 사람한테 매력을 느낄 때가 있다.** '상보성'에 의한 호감이다.

배우자 선택 조건에서 이러한 경향을 검증한 연구가 있다(Winch et al., 1954). 연구 대상자는 결혼한 지 2년을 넘기지 않았고 아이가 없는 부부다. 연구 결과, 배우자에게 바라는 성격은 나와는 반대되는 성격임이 밝혀졌다.

'상보성에 의한 호감'은 역할 분담이 필요하거나 목표가 확실한 상황에서 두드러지게 나타난다. 대화로 문제를 해결하는 장면을 분석한 연구(Dryer & Horowitz, 1997)를 살펴보자.

연구 참가자는 여성이다. 참가자는 다른 여성(실험 협력자)과 대인관계 문제에 대해 대화를 나눈다. 실험 협력자는 주도적이거나 종속적인 태도를 연기했다. 실험 전 참가자의 대화 방식도 미리 검사했다.

'참가자의 대화 만족도'를 살펴보니 참가자 본인과는 정반대의 대화 스타일을 가진 상대에게 만족도가 높았다. 상호작용이 필요한 상황에서는 '상보성 효과'가 나타났다. 다만, 연구 참가자는 자각하지 못한 듯했다.

연구 참가자는 '상대방의 대화 방식'을 평가했다. 평가 분석 결과, 대화 만족도가 높았던 참가자는 '상대방의 대화 방식이 자신과 비슷하다'고 대답했다.

실제로는 나와 상반되는 방식에 만족했지만, 대화가 만족스러워 상대방이 마음에 들게 되자 유사성을 더 많이 지각했다. '마음에 드는 사람이니까 나와 비슷한 거겠지'라는 인식이다. **인간은 나와 비슷한 사람을 좋아하고, 좋아하는 사람이니까 비슷한 점이 있다고 생각하는 걸지도 모른다.**

일상에서도 '유사성의 영향'은 자주 관찰된다.

팀장 입장에서 팀원의 업무 방식이 유사하면 호감이 간다. 어쩌면 같은 학교를 졸업했거나 취미가 같다는 이유만으로도 긍정적으로 평가했을 수도 있다.

팀원도 '유사성의 효과'를 알기 때문에 공통점을 강조하거나 이야기에 맞장구칠 수도 있다.

자주 보이는 사람을 좋아하게 된다
─ 숙지성

우리는 가까운 사람에게 호감이 생길 때가 있다. 같은 동네에 살거나 같은 부서에서 일하면 마주칠 기회가 많다. 같은 반 짝꿍은 친해지기 쉽다. 이를 검증한 연구(Segal, 1974)가 있다.

연구 실험은 경찰학교에서 진행되었다. 남성 훈련생 44명은 훈련을 시작한 후 약 6주가 지난 시점에 친한 친구 3명의 이름을 적어냈다. 훈련생 30명은 최소 한 명의 친구 이름을 적었고, 그 결과 훈련생 65명의 이름이 나왔다.

친구 이름을 적은 훈련생과 이름이 적힌 훈련생은 출석부 순서가 가까웠다. 사실, 이 학교는 이름순대로 방을 배치하고 교실 자리를 정한다고 한다. 방의 위치와 앉은 자리가 가까운 훈련생들은 친해질 수 있었다.

상대방과 가까우면 상호작용에 드는 비용이 적다. 비용이 적게 들면 접촉 기회가 늘어나 상대방을 잘 알 수 있게 된다. 혹은 상대방을 잘 알기 전부터 우리는 이미 긍정적인 감정이었을지도 모른다. **자주 보이기만 해도 호감이 생기는 경우도 있기**

때문이다. 다음을 살펴보자.

인간은 판단 대상과 여러 번 접촉하면 그 대상에게 긍정적인 태도가 생긴다. 이 현상을 '**단순 접촉 효과**'(Zajonc, 1968)라고 한다.

이 현상의 원인은 여러모로 검증되어 왔지만 가장 설득력 있는 주장은 '**대상의 처리 효율이 높아져 생긴 친밀감이 대상의 호감으로 오귀속된다**'는 의미다(Bornstein & D'Agostino, 1992). 일상적인 예로 이해해보자.

아침 출근길, 집 근처 버스 정류장에서 매일 같은 사람들과 버스를 기다리는 장면을 상상해보자. 어느 날 처음 보는 사람이 나타나면 '이 사람 누구지?'라는 생각이 절로 든다. '출근 시간이 달라졌나?', '이 근처로 이사 왔나?' 등 여러 생각이 떠오른다. 처음 보는 대상은 정보처리 과정을 거친다. 어쩌면 위험한 사람일 수도 있기 때문이다.

그러나 낯이 익은 대상이면 일일이 생각할 필요가 없다. 버스 정류장에서 맨날 보이던 사람이 오늘 아침에도 버스를 기다리고 있다. '오늘도 있네'라고 생각할 뿐이다. 정보처리의 필요성이 사라진다.

원활한 정보처리는 '긍정적인 느낌'을 자아낸다. '긍정적인 느낌'은 정보처리에 문제가 없을 때 나온다. 그런데 판단 대상 자체에서 나오는 느낌이라고 착각한다. 이 착각이 바로 방금 전 '오귀속의 메커니즘'이다. 이제 '자주 본다' 효과를 검증한 연구(Moreland & Beach, 1992)를 살펴보겠다.

대학 강의를 배경으로 연구가 진행되었다. 수강생들은 학기 말에 4명의 인물(목표 대상들)사진을 본 다음 숙지도, 매력, 나와의 유사성에 대해 대답했다.

사실, 학기 동안 40회가 되는 강의에서 목표 대상 3명은 수강생인 척하고 수업을 몇 번 들었다. 그 횟수는 목표 대상마다 5회, 10회, 15회로 달리했다. 그중 한 명은 단 한 번도 강의를 듣지 않았다.

수강생들의 목표 대상 평가를 분석해본 결과, 목표 대상을 본 횟수가 많을수록 매력이 높았고 그 사람을 잘 안다고 생각하거나(숙지감), 나와 비슷한 사람이라고 생각한다는 사실이 밝혀졌다.

인간은 실제로 이야기를 나누거나 함께 시간을 보낸 적이 없더라도 그 사람을 몇 번 봤다는 이유만으로 친숙함과 호감을 느낀다.

이 연구의 결과를 보면, 영업 담당자가 몇 번이고 거래처를 방문하고, 거래처와 회식하는 이유도 납득이 간다. 접촉할 기회를 늘리면서 거래처에 '익숙한' 존재가 되길 기다리고 있던 것이다.

우리는 그 사람의 매력이 넘쳐서 좋아하는 감정이 생겼다고 생각한다. 일리 있는 말이지만 왜 그 사람의 매력이 크게 다가왔는지 생각해봤으면 한다.

나의 신념에 부합하기 때문에(아름다움은 선함), 나와 비슷하기 때문에, 친숙하기 때문에 호감이 생겼을지도 모른다. 누군가를 좋아한다는 건 결국 나 자신과 관련되어 있다.

이처럼 타인에 대한 호감에도 '나'라는 사람이 영향을 끼친다. 대화에 다른 사람이 거론되는 이유도 '나'라는 사람의 영향이 있다. CHAPTER 6에서 이 내용을 살펴보자.

CHAPTER 06

당신은 '그 사람'을
다른 사람에게 어떻게 설명할까

타인과 '그 사람'의 인상을 공유할 때 어떤 일이 일어날까

우리는 그 사람에 대해 무엇을 알고 그 사람에 대해 어떻게
생각하는지를 주제로 대화를 나눌 때가 있다.

당신은 신입사원 A의 사수가 되었다. 'A는 어때?'라는 팀장
의 질문에 보고할 의무가 있다.

이때 A의 행동이나 당신의 의견을 모두 전달하지 않는다.
수많은 정보 중 전달할 필요성이 있거나 참고사항만 보고한
다. 정보를 선택하는 기준은 의도될 때도 있고 의식하지 못할

때도 있다.

이번 장에서는 '타인에 관한 소통 과정'에서 우리는 타인의 인상을 어떻게 공유하는지 알아본다.

분위기를 파악하고 말한다
ㅡ 듣는 사람을 위한 맞춤 튜닝

같은 부서 팀원에게 회의 장소를 말할 때 '우리가 가던 미팅룸'이라고 말할 수 있는 이유는 동료가 '우리가 가던 미팅룸'을 알고 있기 때문이다. 이제 막 팀에 들어온 신입사원에게도 과연 이렇게 설명할까. 미팅룸 위치가 어딘지 자세하게 알려줄 것이다.

이 예시처럼 소통에는 '공유 기반common ground'이 필요하다. '공유 기반'이란 서로가 공유하고 있는 지식, 신념, 상정이다 (Clark et al., 1983). 이 예시에서 '미팅룸에 대한 지식'이 공유 기반이 된다.

이번에는 거래처에 제안한 기획안이 통과된 상황이다. 동료에게 '저번 기획안 무사히 통과되었어'라고 말한다. 여기서는 '저번 기획안'에 대한 지식이 공유 기반이다. 그런데 이번에는 하나 더 생각해봐야 한다.

동료에게 왜 그 정보를 전달하려고 했을까. 기획안이 '무사히 통과되었다'는 사실이 상대에게도 중요한 정보라고 생각했기에 알려주었다. 만약에 함께 준비한 기획안이라면 그 사람도 당연히 기뻐할 거라고 확신했기 때문에 소식을 알린 것이다. 만약, 상대가 이 일에 관심이 없다면 알릴 필요가 없다.

인간은 듣는 사람의 태도를 추측해 전달 내용을 '조정(튜닝)'한다.

듣는 사람을 위한 '조정'은 제삼자의 정보를 전달할 때도 이용된다. 타인이 제삼자를 어떻게 생각하는지 파악한 후에 이야기를 꺼낸다. 이러한 '조정'을 검증한 연구(Higgins & Rholes, 1978)가 있다.

연구 참가자(대학생)에게 학생(실험 협력자) 한 명을 소개한다. 참가자는 학생과 같은 그룹인 인물(목표 대상)에 관한 글을 읽은 후, 그 사람의 인상을 학생에게 설명하도록 했다. 이 설명만으로 목표 대상을 추론해야 한다.

과제를 설명한 뒤, 참가자에게 목표 대상에 관한 글을 건넸다. 그리고 절반의 참가자는 '상대역인 학생이 목표 대상을 좋아한다'는 정보를 들었다. 나머지 절반의 참가자는 '상대역인 학생이 목표 대상을 싫어한다'는 정보를 들었다.

참가자가 읽은 글에는 목표 대상에 대한 정보가 12개 있는데, 그중 4개는 바람직한 성격에 관한 정보였고, 4개는 바람직하지 않은 성격에 관한 정보였다. 나머지 4개는 해석 가능성이 열려 있는 정보였다. 해석 가능성이 열려 있다는 건, 목표 대상을 '인내심이 강한' 사람으로 긍정적으로 보거나, '고집이 센' 사람으로 부정적으로 볼 수도 있다는 뜻이다.

글을 읽은 뒤 참가자는 목표 대상의 성격을 유추해 전달 내용을 적었다.

글을 분석한 결과, '상대역이 목표 대상을 좋아한다'라고 알고 있는 조건에서는 바람직한 정보와 바람직하지 않은 정보 모두 긍정적인 방향으로 쏠리는 현상이 일어났다. 어느 쪽으로든 해석 가능한 정보는 긍정적으로 해석되었다. 반면, '상대역이 목표 대상을 싫어한다'고 알고 있는 조건에서는 모든 정보가 부정적인 방향으로 쏠렸다.

참가자는 상대역이 목표 대상을 좋아하거나 싫어하는 감정에 맞추어 판단을 조정했다.

이 연구 결과는 우리가 대화할 때 분위기를 고려해 상대에게 맞추어준다는 사실을 보여준다. 방금 전 예시에서 팀장이 신입사원 A가 어떤 사람인지 물어봤을 때, 팀장이 A를 좋게 본다면 긍정적으로 대답했을지도 모른다. 팀장의 반응보다는 A를 마음에 들어 한다는 사실을 우리가 알고 있다는 것이 중요했던 것이다.

나도 그렇게 생각해
– 내가 말한 것을 믿는다

우리가 상대의 태도에 맞추어 '조정'한다는 사실을 이제 알았다. 그렇다면 상대의 심기만 맞추면 되는 걸까. 그것도 아니라면 나에게 어떤 중요한 영향이 있다는 걸까. 사실 후자의 가능성이 더 높다.

자신도 자기가 전달한 내용과 일치하는 태도를 가지게 된다.

방금 전 연구(Higgins & Rholes, 1978)는 아직 끝나지 않았다. 연구에서는 전달 내용을 기록한 뒤, 참가자가 목표 대상의 바람직한 정도를 평가했다. 목표 대상의 정보를 되도록 정확하게 기록하도록 했다. 이 과제를 수행한 시점은 전달 내용을 기록한 직후 아니면 12~15일이 지난 후다.

목표 대상에 대한 평가와 기억의 결과를 분석해본 결과, 평가도 기억도 상대역의 태도와 일치하는 방향으로 틀어졌다. 즉, 참가자 자신의 태도나 기억은 본인이 전달한 내용에 맞추어 가공되었다. 그리고 기억을 대한 영향은 시간이 흐른 시점에 훨씬 커졌다. 게다가 참가자가 상대역에게 전달한 설명을 글로 적은 경우에만 이 효과가 일어난다는 사실도 연구에 의해 밝혀졌다.

'Seeing is believing'라는 유명한 구절이 있다. '백문이 불여일견'과 일맥상통한다. 내 눈으로 확인한 존재나 확실한 것만(사실 큰 상관없다) 믿는다는 의미다.

방금 전 연구(Higgins & Rholes, 1978)의 타이틀은 이를 비꼰 말로 'Saying is believing'이라고 한다. '말한 것을 믿는다'라는 인간의 경향을 보여준 연구로 볼 수 있다.

신입사원 A가 마음에 든 것 같은 팀장에게 A의 행동을 칭찬한다고 생각해보자. 이 칭찬으로써 당신도 A를 호의적으로 바라볼지도 모른다. 시간이 지나면 A의 바람직한 행동만 선명하게 기억날 수도 있다.

왜 우리는 '나의 이해 관점'을 타인과 공유하려고 할까

지금 설명한 현상은 '조정' 상태에서 내용을 전달하게 되면 나의 태도가 상대의 태도와 같아짐을 보여준다. 즉, 태도를 상대와 공유하는 과정이라 할 수 있다.

타인과 동일한 경험을 하는 '공유된 현실Shared reality'을 통해 인간은 세상을 이해하는 나의 관점을 신뢰하고 타당하다고 생각한다(Hardin & Higgins, 1996). 또한, 타인과 이어져 있다고 느낀다(Echterhoff &

Higgins, 2018). 그렇기 때문에 '중요한 타인'과 이해 방식을 공유한다는 건 인간에게 매우 중요하다. 내가 소속된 집단에 대한 이해 방식을 공유하는 것도 역시 중요하다.

팀장뿐 아니라 다른 팀원들이 모두 신입사원 A를 바람직하다고 생각하는데 나만 생각이 다르다면 어떨까. '사람 보는 눈'이 없다고 생각하거나, 주변에서 나를 '거만하다'고 느낄 수도 있다.

이런 이유로 인간은 분위기를 읽어야 한다는 동기가 생긴다. 신입사원 A의 인상도 이런 분위기 속에서 형성된 것일 수도 있다. 인간은 '공유된 것을 믿는 것Sharing is believing' (Higgins, 2018)일 뿐일지도 모른다.

'전달 방법'으로 그 사람의 인상을 타인과 공유한다

'듣는 사람의 이해 방식'을 공유받으면 '나의 이해 방식'도 공유되기를 바란다. 다시 한번 신입사원 A의 예를 떠올려보자.

A는 사수인 당신에게 업무 진행 방식을 자꾸 물어본다.

A를 잘 모르는 동료한테 이 상황을 어떻게 설명할까.

만약 당신이 A가 마음에 든다면 '업무를 빨리 숙지하려고 노력한다'고 말할지도 모른다. '의욕이 매우 넘친다' 혹은 '열정이 있다'고 짧게 말할 가능성이 있다.

그러나 A에게 관심이 없다면 '자꾸 똑같은 질문만 한다'고 말하게 된다. A의 행동을 설명할 때 추상 정도에 따라 표현 방식이 달라진다.

'질문한다'는 표현은 구체적인 행위의 기술이다. '업무를 숙지한다'는 표현에는 당신의 해석이 들어간다. 게다가 '의욕이 있다'는 표현에는 당신의 해석이 들어간 A의 태도를 나타낸다. 추상도가 높은 '열심히'라는 표현은 A의 안정적인 경향을 말한다. 이처럼 **인간은 목표 대상의 행위를 설명할 때 표현을 구분해서 사용한다**(Semin & Fiedler, 1988).

왜 표현을 구분해서 쓸까. 대화를 듣는 상대와 목표 대상에 대한 인지를 공유하려는 동기에서 발생한다고 본다. 목표 대상의 선호도에 따라 표현이 달라진다고 검증한 연구(Maas et al., 1995)가 있다.

참가자는 등장인물이 바람직한 행동을 하는 한 컷 만화 3개(예를 들면, 재활용) 혹은 바람직하지 않은 행동을 하는 한 컷 만화 3개(예를 들면, 새치기) 중 하나를 본다.

참가자 절반은 등장인물에 '친한 친구'를 대입했고, 나머지 절반의 참가자는 '가장 싫어하는 사람'을 대입하도록 했다. 그리고 각 만화별로 네 가지 보기를 제시한 후 해당 에피소드를 가장 잘 표현한 보기를 선택했다.

추상 정도에 따라 표현이 달라지기 때문에 참가자가 선택한 보기를 통해 등장인물의 행동을 어떻게 파악했는지 알 수 있다.

참가자의 선택을 분석한 결과, '싫어하는 사람'이 바람직하지 않은 행동을 한 경우에는 '친한 친구'가 바람직하지 않은 행동을 한 경우보다 추상도가 높은 표현을 골랐다. 또한, '싫어하는 사람'이 바람직한 행동을 할 때보다 바람직하지 않은 행동을 했을 때 추상도가 높은 표현을 골랐다.

이 연구 결과를 '새치기' 예시로 설명해보겠다.

싫어하는 사람이 '새치기'를 했을 때는 '치사하다', '민폐다'라고 추상적으로 표현했고, 친한 친구에게는 '새치기를 했다'

고 구체적으로 설명했다.

또한, 싫어하는 사람이 '새치기'를 했을 때는 '치사하다'는 추상적인 표현을 썼지만, '재활용'에 대해서는 '쓰레기를 분류했다'고 구체적으로 설명했다.

인간은 싫어하는 사람의 바람직하지 않은 행동은 그 사람의 안정적인 성격 탓으로 돌리고, 바람직한 행동은 일시적이고 우연히 발생했다는 식으로 표현한다. 다만, 상대에 따라 표현이 달라진다고는 스스로 의식조차 못 할 수도 있다.

'기대했던 행동'을 설명하면 듣는 이에게 어떤 일이 생길까 – 언어 기대 편향의 영향

지금 설명한 현상을 '언어 기대 편향 liguistic expectancy bias'이라고 한다 (Wigboldus et al., 2000). '기대'라는 이름이 들어간 이유는 친한 친구의 바람직한 행동이나 싫어하는 사람의 바람직하지 않은 행동처럼 우리가 목표 대상에게 '기대하는' 행동을 추상적으로 표현하기 때문이다.

'언어 기대 편향'의 영향은 단순히 목표 대상 인물 설명에만 그치지 않는다. 목표 대상에 대한 설명을 듣는 사람의 인지에도 영향을 준다. 이를 다룬 연구(Wigboldus et al., 2006)를 살펴보자.

연구 참가자(보내는 역할)는 친구(목표 대상)에 대한 기억을 떠올려본다. 그리고 친구의 에피소드를 다른 참가자에게 전달할 두 종류 글을 기록했다. 첫 번째는 친구에게 '기대했던 행동', 두 번째는 '기대와 다른 행동'에 관한 에피소드다. 연구에서 다른 참가자(받는 역할)는 둘 중에 하나를 읽고 그 행동이 목표 대상의 성격 때문인지 상황 때문인지 판단했다.

보내는 역할의 참가자의 기록을 분석한 결과, 친구에게 '기대했던 행동'을 '기대하지 않은 행동'보다 추상적으로 표현했다. '언어 기대 편향'이 발생했다고 볼 수 있다.

그다음, 받는 역할을 하는 참가자의 판단을 분석한 결과, 친구에게 '기대했던 행동'이 '기대하지 않았던 행동'보다 성격에 의한 행동이라고 대답했다. 받는 역할은 보내는 역할이 추상적으로 설명한 행동이, 그렇지 않은 행동보다 목표 대상의 안정적인 경향으로 파악했다.

　신입사원 A의 예를 생각해보자. 당신은 마음에 드는 A를 동료에게 설명할 때, 자꾸 질문하는 행동에 대해 '업무를 빨리 숙지하려고 노력한다'고 설명했다. 이 추상적인 설명에서 동료는 A의 '열심히' 하는 성격을 짐작한다. 결과적으로 당신의 호의적인 태도는 동료에게 공유된다.

　인간은 그 사람에 대해 설명함으로써 그 사람의 인상을 다른 사람과 공유한다.

PART 3

'나'의 인상은
어떻게 만들어질까

CHAPTER 07

나는 '나'를 어떻게 바라볼까

'나에 관한 지식'은 얼마나 될까

PART 2에서 '타인'의 인상에 대해 알아보았다. 이번에는 '나'라는 사람을 알아볼 차례다.

우선 '나는 ○○이다'라는 문장을 10개 적어보자. 생각나는 대로 쓰되 문장 길이는 짧아도 상관없다.

열 문장을 다 적었다면 처음부터 다시 훑어보자. ○○에 들어간 단어는 나 자신에 대한 지식이자 '자아개념'이다.

당신도 적었다시피 우리는 나 자신에 대한 지식이 풍부하다. 특히, 기억을 의미별로 정리해(체제화) 저장된 지식을 '자기 스키마'라고 한다. 스키마에 관해서는 PART 1에서도 설명했다. 인지의 틀로 작용하는 '자기 스키마' 덕분에 나에 관한 정보를 이해할 수 있다. 구체적으로 생각해보자.

다음 질문에 대답해보자.

【문제】 자신이 성실하다고 생각하는가?

'예' 혹은 '아니요'라고 대답하시오.

망설이지 않고 '예'라고 대답한 사람은 '성실하다'는 '자기 스키마'를 가지고 있다. '성실한' 태도가 돋보이는 에피소드가 많거나 '성실하다'는 말을 많이 들어본 사람이다.

이같이 해당 지식이 풍부하고 '접근 가능성'이 높으면 고민할 거 없이 '예'라는 판단이 나온다. '접근 가능성'이란 쉽게 다가갈 수 있다는 의미다.

혹시 망설임 없이 '아니요'라고 대답했는가. 이런 경우는 제시된 상황에 반증할 지식이 더 많고 그 지식에 '접근 가능성' 이 높다.

'예', '아니요'로 대답하는 데 시간이 걸렸다면 '성실하다'는 지식이 부족하거나, 지식은 충분하나 '접근 가능성'이 낮다고 볼 수 있다. '나는 ○○이다'라는 문장에서 맨 처음에 쓴 '○○'은 현재 당신의 자아개념 중 가장 접근 가능성이 높다. 당신의 첫 번째 단어는 과연 무엇인가.

'자기 스키마'의 작용

'다른 사람 생각으로 인상 판단'에 작용하는 자기 스키마

방금처럼 '자기 스키마'에 관련된 단어가 나에게 부합하는지 아닌지는 빠르게 판단할 수 있다(Markus, 1977). 타인을 판단할 때도 '자기 스키마'가 관여한다. 스스로 '성실한' 사람이라고 여기면 타인이 '성실한' 사람인지 아닌지 판단이 수월해진다. 이를 검증한 연구는 다음과 같다(Fong & Markus, 1982).

연구 참가자에게 '외향적', '내향적', '둘 다 아니다' 중 어디에 해당하는지 사전에 물어보았다. '외향적 무리', '내향적 무리', '둘 다 아니다 무리'로 분류하겠다.

한 그룹 당 여섯 명이며, 한 명씩 분리된 공간에 들어갔다. 그리고 서로를 탐색하기 위해 준비된 질문 26개 중 12개를 선택하도록 했다.

질문 26개 중 11개는 외향성에 관한 질문이다. 예를 들면, '당신은 어떤 상황에서도 평소보다 외향적이고 친절할 수 있나요'와 같다. 26개 중 10개는 내향성에 관한 질문이다. '다른 사람에게 마음을 터놓기 어려운 이유는 뭐라고 생각하나요'와 같은 질문이다. 나머지 5개는 '어떤 자선 사업에 공헌하고 싶나요' 등 중립적인 질문이다.

그 결과, 외향성에 관련된 질문을 가장 많이 고른 집단은 본인이 외향적이라고 대답한 '외향적 무리'였다. '내향적 무리'와 '둘 다 아니다 무리'가 고른 외향성 관련 질문 개수는 별반 차이가 없었다. 내향성에 관련된 질문을 가장 많이 고른 집단은 '내향적 무리'였으며, '외향적 무리'와 '둘 다 아니다 무리'가 고른 질문 개수는 비슷했다. 중립적인 질문을 가장 많이 고른 무리는 '둘 다 아니다 무리'였으며 마찬가지로 '내향적 무리'와 '외향적 무리'의 질문 개수는 차이가 없었다. 즉, 참가자들은 '자기 스키마'와 관련된 내용을 물어보려는 경향이 있었다.

연구는 여기서 끝이 아니다. 혼자 부스에 들어간 참가자에게 동일한 실험 인터뷰라고 설명한 뒤 스피커에서 흘러나오는 대화를 듣게 했다. 어떤 사람(목표 대상)이 외향성에 관한 질문 세 가지, 내향성에 관한 질문 세 가지, 둘 다 관련 없는 질문 세 가지에 대답했다. 답변 내용에는 외향성, 내향성의 특징이 드러나지 않는다.

대화를 다 들은 참가자는 목표 대상의 외향성과 내향성의 정도와 중립적인 특성을 평가했다. 본인의 평가에 얼마나 확신하는지도 함께 알아보았다.

목표 대상의 특성 평가에서 '자기 스키마'에 의한 차이는 없었다. 다만, 평가에 대한 확신 정도에서 '자기 스키마'에 의한 차이가 드러났다. '외향적 무리'와 '내향적 무리'는 '둘 다 아니다 무리'보다 외향성·내향성 평가에 확신을 가졌다.

즉, 참가자는 '자기 스키마' 차원에서 타인의 판단에 확신을 가졌다는 뜻이다. 중립적인 특성 평가의 확신 정도는 세 무리 사이에서 차이가 없었다.

'자기 스키마'의 영향에 관한 연구(Green & Sedikides, 2001)가 하나 더 있다.

이 연구에서 참가자는 '자율적이고 독립적인 유형'인지 아니면 '종속적이고 의존적인 유형'인지 스스로 선택한 뒤 의존도에 따라 세 가지 무리로 분류되었다.

그리고 다른 연구를 위해 어떤 목표 대상에 관련된 문장 네 개를 보여주었다. 그리고 글 속 상황에서 목표 대상의 행동을 예측하도록 했다. 이 상황에는 '독립적' 혹은 '의존적'인 요소가 포함되어 있다. 예를 들면, '리포트를 혼자 작성할까, 팀원과 함께 작성할까'와 같은 문장이다. 완전히 동떨어진 상황도 있다. 예를 들면, '우주 계획에 투자할 의향이 있는가'와 같은 내용이다. 참가자는 목표 대상의 인상도 평가했다.

목표 대상의 행동을 예측해본 결과, 의존적 행동으로 예측한 무리는 순서대로 '의존적인 무리', '둘 다 아닌 무리', '독립적인 무리'였다. 의존과는 무관한 행동 예측에는 세 무리 사이에 차이가 없었다. 그리고 목표 대상의 인상 평가를 분석한 결과, 참가자의 인상이 '자기 스키마'와 일치한다는 사실이 밝혀졌다. 즉, 참가자는 본인의 자아와 근접하게 타인의 인상을 판단한다는 의미다.

두 연구를 통해 인간은 **'자기 스키마'로 타인을 판단하는 경향이 있으며, 이 판단에 강한 확신을 가진다는 것**을 알 수 있다. 또한, **'자기 스키마'와 일치하는 방향으로 타인의 행동을 예측한다**고 한다.

만약 당신에게 '성실한' '자기 스키마'가 있다면 타인이 '성실'한지 아닌지 자신 있게 판단을 내린다. 그리고 그 사람이 필시 '성실한' 행동을 하리라 예상한다. 만약 '다정한' '자기 스키마'가 있다면 타인을 '다정한' 사람인지 아닌지로 판단하게 된다.

나와 동료는 최근에 A라는 사람을 알게 되었다. '성실한' 인상이 강렬했는데 동료는 '다정한' 인상을 받았다고 한다. 서로 다른 인상으로 기억하는 이유는 나와 동료의 '자기 스키마'가 다르기 때문이다.

'타인의 기억'에 작용하는 자기 스키마

'자기 스키마'는 타인을 기억할 때도 영향을 준다. 한 연구(Higgins et al., 1982)에서 접근 가능한 특성을 알아보기 위해 참가자에게 '좋아하는 사람', '싫어하는 사람', '만나고 싶은 사람', '피하고 싶은 사람', 그리고 '자주 만나는 사람'은 어떤 사람인지 물어보았다. 답변을 참고해 목표 인물과 관련된 에세이를 작성했다.

에세이에는 목표 인물의 행동이 열두 가지 나온다. 이 중 여섯 가지 행동은 참가자에게 접근 가능성이 높은 차원이고 나머지는 접근 가능성이 낮은 차원이다. 긍정적인 특성과 부정적인 특성도 반반씩 포함되었다. 만약 답변에 '정직한' 특성이 있다면, '식당에서 계산하고 잔돈을 더 받으면 즉시 돌려준다'는 목표 대상의 행동은 참가자에게 접근 가능성이 높은 차원이다. '정직한' 특성이 없는 참가자라면 이 행동은 접근 가능성이 낮은 차원이다.

일주일 후, 다른 주제의 연구를 진행할 때 참가자에게 이 에세이를 보여준 뒤 시간 간격을 두었다가 기억나는 에세이 내용을 기록하도록 했다.

참가자의 기록을 분석한 결과, 접근 가능성이 낮은 특성은 접근 가능성이 높은 특성보다 기억에 남지 않았다. 예를 들어, 처음에 '정직한' 특성을 적었던 참가자는 목표 대상의 '정직함'과 무관한 행동을 '정직한' 행동을 기억한 정도보다 기억하지 못했다. 자신의 접근 가능성 차원에 따라 타인에 대한 기억도 달라진다는 이야기다.

나에게 가장 접근 가능성이 높은 특성을 '자기 스키마'라고 해보자. 그 사람이 '성실'해 보이면 '성실한' 모습이 기억에 오래 남는다. 만약 그 사람이 B와 대화할 때 '성실하다'와 '다정하다'는 인상을 동시에 받았다고 해보자. 이때는 '자기 스키마'와 일치하는 '성실한' 인상이 더 기억에 남는다.

정리해보면 결국 **우리 눈에 비친 '타인'이란 '나라는 사람을 기준으로 바라본 모습'**이라고 이해하면 되지 않을까.

지금까지 '성실한' '자기 스키마'의 예시를 함께 살펴보았다. 그렇지만 '나'라는 사람은 단 하나의 이미지만으로 설명되지 않는다.

'나는 ○○이다'라는 문장을 다시 보자. ○○에는 각양각색의 단어가 들어갈 수 있다. 왜냐하면 인간에게는 다양한 면모가 있기 때문이다. 맨 처음에 쓴 단어가 당시의 나에게 가장 접근 가능성이 높았던 특성일 것이다. 하지만 다른 '○○'이 먼저 튀어나왔을 수도 있다. 이처럼 **'나'라는 사람의 개념은 상황에 따라 달라진다.** 이를 '작동적 자아개념'(Markus & Kunda, 1986)이라고 한다.

회사에서는 '성실한' 내가 접근한다. 친구를 만나거나 누군가를 처음 만나는 자리에서는 '밝은' 내가 접근할 수도 있지만 '낯가리는' 내가 접근할 수도 있다. 이처럼 나의 자아는 상황에 따라 변한다. 자아개념은 '중요한 타인'을 떠올렸을 때도 변한다(CHAPTER 10에서 상세히 설명하겠다).

'나'를 어떤 모습으로 보고 싶은가

나를 어떤 모습으로 '보고 있을까'에 대한 궁금증은 내가 나를 어떻게 '보고 싶은지'와 분리해서 생각할 수 없다. 나 자신을 파악하려면 동기가 있어야 한다. 여기서는 '자아'에 관한 동기 네 가지를 순서대로 설명하겠다. **'자아 확증 동기', '자아 검증 동기', '자아 개선 동기', 그리고 '자아 고양 동기'**다(Sedikides & Strube, 1997).

나는 ○○한 사람이니까
– 자아 확증 동기

인간은 기존의 자아개념과 새로운 정보 사이에서 일관성을 유지하려는 동기가 있다. 일관된 자아관을 원한다는 이야기다.

스스로 '성실'하다고 생각하는 사람은 성실한 자아에 관련된 정보를 수집해 자아개념을 유지하려고 한다. 자아 확증 동기로 인해 나 자신을 이해하기 쉬운 대상으로 바라볼 수 있게 된다.

스스로 '성실'하다고 생각했는데 만약 타인의 평가와 일치하지 않으면 불안해지고 주변 사람들에게 이해받지 못한다고 느낀다. '성실'한 줄 알았는데 사실은 아니었나 싶어 결국 나를 의심하게 된다. 그래서 '자아 확증 동기'가 중요하다.

그런데 '자아 확증 동기'가 문제를 일으킬 때가 있다. 바로 **자기평가와 자존감이 낮은 사람들에게 그러하다. 새로운 정보가 자아 개념과 일치하게끔 낮은 자기평가와 일관된 정보에 안테나를 세우고 우선적으로 기억한다.** 이를 검증한 연구(Story, 1998)가 있다.

연구 참가자는 성격검사에서 '거짓 피드백'을 받았다. '거짓 피드백'이란 미리 준비해둔 거짓 정보를 진짜 검사 결과로 둔갑시켜 참가자에게 건네는 것이다.

참가자는 피드백을 통해 본인 성격에 대한 긍정적인 의견과 부정적인 의견을 모두 받았다. 자존감은 사전에 측정해 두었다. 검사 결과를 전달한 후 기억나는 피드백 정보를 작성하도록 했다.

작성 기록을 분석한 결과, 자존감이 높은 무리가 자존감이 낮은 무리보다 긍정적인 내용을 더 많이 기억해냈다. 반면, 자존감이 낮은 무리는 자존감이 높은 무리보다 부정적인 내용을 더 많이 기억해냈다. 즉, **인간은 동일한 정보가 주어져도 자존감과 일치하는 방향의 내용을 더 많이 기억한다**는 이야기다.

이 연구 결과는 자존감 낮은 사람들에게 시사하는 바가 있다. 모처럼 좋은 이야기를 듣는다 해도 이들은 전혀 신경 쓰지 않는다.

타인의 긍정적인 평가는 낮아진 자기평가를 높여주는 중요한 정보다. 그런데 '자아 확증 동기' 때문에 긍정적 평가를 온전히 받아들이지 못한다. 심지어 타인의 부정적 평가에 사로잡혀 자기평가가 낮아지는 악순환이 발생할 가능성도 있다.

자기평가가 높은 사람은 칭찬을 받으면 장점을 극대화하려고 노력하고, 자기평가가 낮은 사람은 단점에만 집중해 칭찬을 거북해한다. 만약 칭찬이 어색하다면 '자아 확증 동기'를 조금 억누르기 바란다.

나는 어떤 사람일까
– 자아 검증 동기

인간은 자신을 정확하게 평가하려는 동기가 있다. 내 능력과 태도를 올바르게 이해하면 앞으로 다가올 상황을 예측하는 데 유용하고 행동도 조절할 수 있다.

예를 들어, 업무를 전달받을 때 일의 강도나 난이도가 능력

범위 내에 있어야 바람직하다. 능력을 과신하면 마감 기한을 맞추지 못해 주변 사람들이 힘들어진다. 만약 업무량이 내 능력치를 넘어선다면 사전에 지원 요청도 고려해야 한다. 이러한 행동들도 능력을 정확하게 파악하는 데 일조한다.

'자아 검증 동기'는 어떤 과제에서 능력을 판단하기 어려울 때 쉽게 발동된다. 이를 검증한 연구(Trope & Ben-Yair, 1982)가 있다.

연구는 두 가지 섹션으로 구성되어 있다. 처음 섹션에서 참가자는 두 가지 과제에 답변한다. 답변하는 동안 과제 하나는 분석 능력을 측정하고 또 다른 하나로는 모순된 심리를 측정한다고 알렸다. 문제는 각각 18개다.

그 후, 과제 성적을 거짓으로 피드백하면서 성적에 따라 능력치의 확실성을 조작했다. 확실 조건에서는 참가자가 본인의 능력치를 알 수 있도록 실제로 맞춘 정답 개수와는 상관없이 18문제 중 15개를 맞추면 중위권 성적이라고 전달했다. 참가자는 자신의 수준이 중간 정도임을 거의 확실시했다.

불확실한 조건에서는 본인 능력치를 파악할 수 없도록 피드백했다. 성적의 상중하가 골고루 퍼져 있다고 전달했다. 참가자는 성적이 어땠는지도 감도 잡히지 않고 능력치도 높은지 낮은지 알 수 없다.

다음 섹션에서는 분석 능력과 모순된 심리를 측정하는 새로운 과제를 두 가지 제시했다. 각각 20문제이지만 양쪽 합쳐서 25문제만 풀어도 된다고 전달했다. 그리고 참가자에게 각 영역에서 몇 문제씩 고를지 물어보았다.

그 결과, 능력치가 불확실한 영역의 문제를 더 많이 골랐다.

예를 들어, 처음 섹션에서 어떤 참가자의 분석 능력치가 애매했다고 해보자. 그러자 다음 섹션에서는 모순된 심리의 문제보다 분석 능력 문제를 더 많이 고르게 된다는 이야기다. 나의 능력치를 확실히 알 수 없었던 영역에 도전해 능력치를 정확하게 검증하고 싶은 마음이다. 이 결과는 나를 올바르게 이해하려는 '자아 검증 동기'의 작용으로 보인다.

자신을 정확하게 평가하기 위해 정보를 수집하다 보면 부정적인 피드백을 받기도 한다. 정보를 수용할지 거부할지는 지금부터 설명할 '자아 개선 동기'와 관련 있다.

나는 성장하고 싶다

- 자아 개선 동기

──────────

인간은 스스로 개선하고 성장하려는 동기가 있다. '자아 검증 동기'
의 예시로 업무를 전달받는 상황을 묘사했다. 능력이 부족해
다른 사람의 도움이 간절해지면 어떤 생각이 들까. 다음번에
는 내 힘만으로 해결할 수 있도록 능력을 키우겠다는 다짐을
하지 않을까. 이처럼 '자아 개선 동기'는 우리가 목표를 세우
고 달성하게끔 행동을 통제한다.

'자아 개선 동기'는 나의 부족한 점을 자각할 때 작용한다.
단점이나 약점을 인지함으로써 자아 개선이 촉구된다고 본다.
다만, 단점이나 약점을 인정하면 부정적인 감정에 휩싸이기도
한다. 인간은 감정에는 긍정적 혹은 중립적인 상태로 유지하
려는 동기가 있는데, '감정 개선 목표'와 '자아 개선 목표' 사
이에서 충돌(대립)이 일어난다. 이런 혼란 속에서 나는 어떻게
성장할 수 있을까.

단점이나 약점에서 비롯된 부정적인 감정은 일시적이다. 따
라서 '감정 개선'은 단기적인 목표다. 반면에 '자기 개선'과

'자기 성장'은 장기적인 목표다. 한 발짝 떨어져서 나를 관찰한 다음 중요한 목표를 향해 행동해야 한다. 설령 부정적인 감정에 빠지더라도 성장할 수 있다면 단점을 인정해야 한다. 이처럼 **단기적인 비용(부정적인 감정)을 감안한 장기적인 목표 실천은 긍정적인 감정 상태일 때 더 효과적이다**(Gervey et al., 2005).

나의 부정적인 측면을 온전히 받아들이려면 감정을 긍정적으로 끌어올리는 사전작업이 필요하다.

나는 뛰어난 사람이고 싶다
- 자아 고양 동기

인간은 자신을 긍정적으로 보고 싶어 하는 동기가 있다. 나의 능력과 성질이 우수하다고 믿고 싶어 한다. 어쩌면 성장에 쏟는 노력의 크기도 실제보다 긍정적으로 여길지도 모른다. 자기평가를 높게 유지하려는 동기를 '자아 고양 동기'라고 한다.

종종 자기평가가 높다거나 낮다고 말하는데 누구와 비교하는 걸까.

'일반적 타인'이나 '평균적 타인'인 걸까. 사실 '일반적 타인'의 '일반'에는 기준이 없다. '평균적 타인' 역시 어떤 집단이 '평균'인지 알 수 없다. 결국 **나의 비교 상대는 높은 확률로 나에게 '중요한 타인'이다.** 이런 시점에서 연구한 **'자기평가 유지 모델'**(Tesser, 1988)을 소개하고자 한다.

'자기평가 유지 모델'은 타인과의 관계에서 자기평가를 유지하거나 높이려는 방법이 전제된다. 그리고 타인과의 관계성에서 성립되는 자기평가에는 '비교 과정'과 '반영 과정'이 있다.

'비교 과정'에서는 심리적으로 가까운 타인의 활동과 비교해 내가 더 뛰어나면 자기평가를 높이고 그 사람이 잘했으면 자기평가를 낮춘다.

'반영 과정'에서는 타인의 활동 결과가 좋으면 자기평가를 높이고, 그 반대면 자기평가를 낮춘다. 이 과정에서 '영광 누리기(Cialdini et al., 1976)' 현상이 나타난다. 친구의 눈부신 성과를 내가 자랑하는 경우다. 친구의 성과에 기여한 바는 없지만 자부심을 느낀다.

'중요한 타인'과 비교하다 보면 '비교 과정'과 '반영 과정'이 모두 일어난다. '자기평가 유지 모델'은 비교 영역에 나의 관여도에 따라 어떤 과정이 발동될지 결정된다고 본다. 관여도가 높으면 '비교 과정'이, 관여도가 낮으면 '반영 과정'의 일어날 가능성이 높다.

'자기평가 유지 모델'은 나의 관여도가 높은 영역에서 '중요한 타인'과 비교해 자기평가가 낮아지면 어떤 일이 일어날지 예측한다.

당신이 심혈을 기울인 프로젝트가 있다고 해보자. 당신의 결과물은 좋지 않은데 친한 친구이자 직장동료의 결과물은 성공적이어서 자기평가가 낮아진 상황이다. 당신은 어떤 태도를 보일까.

'자기평가 유지 모델'에 따르면 다음 중 한 가지가 일어난다고 한다.

첫 번째, '중요한 타인'과 거리를 두어 상대의 활동 영향력을 낮춘다. 잘난 친구와 멀어지면 비교할 일도 없고 자기평가도 낮아지지 않는다. 여기서 말하는 거리는, 친구와 실제로 만나지 않는 물리적인 거리는 물론 심리적인 거리도 포함된다. 거리를 두어 상대와 나 사이의 친밀감과 유사성을 줄이는 것이다.

'중요한 타인'을 멀리할 수 없는 상황도 있다. 소중한 친구가 그러하다. 이때 인간은 자기정의에 변화를 준다고 '자기평가 유지 모델'에서는 예측한다. 비교 영역에 관여도를 낮춘 다음 그 영역의 모든 활동이 중요하지 않다고 생각을 바꾼다. 그 영역에서 빠져나오라는 의미이기도 하다. 예시를 보자.

어떤 형제가 있다. 첫째 아이가 즐기던 운동을 둘째 아이도 막 시작했는데 실전 경기에서 둘째 아이의 실력이 더 뛰어났다. '비교 과정'으로 인해 첫째 아이의 자기평가는 낮아진다. 자기평가를 원래 수준으로 되돌리려면 둘째 아이와 거리를 두어야 한다. 그러나 이들은 형제다.

이럴 때 첫째 아이는 실전 경기를 포기하고 다른 영역에서 좋은 성과가 나오도록 노력한다는 이야기다. 어쩌면 주변에서 흔한 일일지도 모른다.

초등학생을 대상으로 '중요한 타인'과의 '비교 과정'이나

'반영 과정'을 검증한 연구(Tesser et al., 1984)가 있다.

연구 참가자는 본인, 친한 친구, 같은 반 친구의 성적을 평가했다. 그리고 객관적인 성적 지표로 교사의 평가를 참고해 양쪽을 비교했다.

그 결과, 참가자의 관여도가 높은 영역에서 본인의 성적은 객관적인 지표보다 높게, 친한 친구의 성적은 낮게 평가했다. '비교 과정'이 발생한 경우다. 반대로 관여도가 낮은 영역에서는 친한 친구의 성적을 높게 평가했다. 이 경우는 '반영 과정'이 발생했다고 본다. '자기평가 유지 모델'에 의해 인지가 왜곡된 것이다. 게다가 같은 반 친구의 성적은 관여도가 높은 영역이든 낮은 영역이든 낮게 평가되었다.

영역에 대한 관여도가 높고 낮음에 따라 두 가지 과정으로 나뉜다는 사실을 알 수 있다. 흥미로운 점은 어떠한 과정에서도 자기평가는 높다.

이제 만나볼 연구(Pleban & Tesser, 1981)도 '자기평가 유지 모델'의 예측을 검증한 연구로 자기평가가 낮아졌을 때 어떤 일이 일어나는지 명확하게 보여준다.

참가자와 또 다른 참가자(실험 협력자)를 짝지어 몇 가지 영역에 대해 조사했다. 미식축구나 록 음악 등과 같은 영역이다. 연구 목적은 참가자에게 관여도가 높고 낮은 영역이 무엇인지 알아보는 데 있다.

어떤 영역이 관여도가 높고 낮은지 알아냈다면 이제 상대 참가자와 함께 질문게임을 한다.

게임 결과는 '평균 백분위 50(하위 50퍼센트 수준)'이라고 알려주었다. 상대 참가자의 성적은 백분위 20, 40, 60, 80 중 하나라고 알려주었다. 20이나 40이면 참가자가 게임을 더 잘했고, 60이나 80이면 상대 참가자가 더 잘했다는 의미다.

이제 두 사람은 차례대로 방을 나와 다른 방에서 대기했다. 기다리고 있던 방에는 의자가 8개 있었는데, 먼저 방을 나온 상대 참가자가 앉았던 의자와 참가자가 앉았던 의자 사이의 거리를 몰래 쟀다. 그리고 참가자에게 상대의 호감도, 본인과의 유사성, 또 한 번 게임이나 실험을 같이할 의향이 있는지 행동 의도를 물어보았다.

의자 간 거리를 측정한 결과, 관여도가 높은 영역에서는 참가자보다 상대의 성적이 좋을수록 거리가 멀어졌다. 관여도가 낮은 영역에서는 거리가 가까웠다. 훗날의 행동 의도에 대한 질문 답변을 분석해본 결과, 관여도가 높은 영역에서는 행동 의도가 낮았지만 낮은 영역에서는 높았다.

유사성 평가에서도 관여도가 높은 영역에서는 상대의 성적이 높을수록 유사성이 낮게 평가되었다. 상대와 심리적 거리가 멀다고 인지하고 있음을 보여준다. 관여도가 낮은 경우에는 상대의 성적이 높을수록 유사성이 높다고 평가되었고 거리는 가깝다고 인지했다. 오직 호감도 평가에서만 관여도의 높고 낮음에 따른 차이가 보이지 않았고, 상대의 성적이 높을수록 호감도는 올라갔다.

연구 결과를 정리해보면 다음과 같다. 관여도가 높은 영역에서는 상대의 성적이 좋을수록 거리가 멀어지고 유사성과 행동 의도는 낮아진다. 관여도가 낮은 영역에서는 상대의 성적이 좋을수록 거리는 가까워지고 유사성과 행동 의도는 높아진다.

즉, 영역에 대한 관여도에 따라 자기평가를 유지하는 전략이 달라짐을 보여준다. 더욱이, 관여도가 높은 영역에서 자기평가가 낮아지면 상대와 거리를 둔다. 이 결과는 '자기평가 유지 모델'의 예측을 뒷받침한다.

'자기평가 유지 모델'을 통해 **자기평가가 낮아질 만한 상황이 발생하면 타인의 평가를 절하하거나 거리를 두어, 타인과의 관계성으로 자기평가 저하를 막으려 한다는 사실**이 명확해졌다.

'자기평가'에 관한 이론을 하나 더 설명하겠다. **'자기 긍정화 이론'**(Steel, 1988)이다. 이 이론에 따르면, 나의 가치를 확인할 수만 있다면 타인과의 관계성을 이용하지 않아도 자기평가를 유지할 수 있다고 한다.

인간은 실패하면 '하향 비교'를 한다. '하향 비교'란 나보다 수행 능력이 떨어지는 타인과 비교하는 행위다. '나보다 훨씬 못하는 사람도 있다'는 생각만으로도 잠깐이지만 마음이 진정된다. 다만, '자기 긍정화 이론'에 따르면 실패하더라도 중요한 영역에서 자기 가치를 확인하면 '하향 비교'를 멈춘다고 한다.

이를 검증한 연구(Spencer et al., 2001)에서는 지적 과제를 수행한 참가자에게 성적이 낮다는 거짓 피드백을 전했다. 참가자의 자기평가를 떨어뜨리기 위함이다. 참가자는 곧이어 다른 과제에도 참여했다. 과제 내용은 참가자에게 중요한 가치로 생각되는 것과 그렇지 않은 것 중 하나를 수행했다. 즉, 자기 긍정화 유무를 조작했다.

또 다른 과제로 인터뷰 과제를 준비하는데 참고할 만한 비디오테이프를 고르도록 했다. 첫 번째 과제에서 참가자보다 성적이 좋았던 사람의 인터뷰 혹은 성적이 나빴던 사람의 인터뷰 중 하나의 비디오테이프를 선택할 수 있다. 성적이 좋은 사람의 인터뷰를 선택하면 '상향 비교'가 되고, 성적이 좋지 않은 사람의 인터뷰를 선택하면 '하향 비교'가 된다.

참가자가 고른 비디오테이프를 확인해본 결과, 자기 긍정화를 한 참가자는 '상향 비교'를 했고, 자기 긍정화를 하지 않은 참가자는 '하향 비교'를 많이 했다.

'상향 비교'는 마음의 고통이 따라온다. 그러나 나보다 뛰어난 결과를 낸 사람의 정보는 성장의 밑거름이 된다. 이는 방금 전 설명한 '자아 개선 동기'의 작용과도 관련 있다.

'과거의 나'와 비교

지금까지는 타인과의 비교와 자기 긍정화 이후의 자기평가에 대해 이야기했다. 마지막으로는 '과거의 나'와 비교한 자기평가에 대해 알아본다. 이러한 자기평가를 **'계시적 자기평가'**라고 한다.

당신의 '과거의 나'와 비교했을 때 '현재의 나'는 마음에 드는가. 대부분의 사람들은 예전보다 성장했다고 생각한다. 이는 '현재의 나'를 과거보다 높게 평가하기 때문이다. 비교 대상이 된 '과거의 나'는 지금 시점에서 기억하는 나 자신이다. 기억으로 남은 장면들 중 검색 기능에 걸린 기억들은 나의 선택 필터가 적용되었기 때문에 **'현재의 나'**라는 시점에서 바라본 과거의 모습이다. '과거의 나'를 떠올리지 않아도 성장했다고 믿기 때문에 '과거의 나'를 낮게 상정하는 것일지도 모른다.

이를 검증한 연구(McFarland & Alvaro, 2000)에서는 참가자에게 최근 2년 안에 겪은 상당히 부정적인 사건과 약간 부정적인 사건에 대해 물어보았다. 그 후, '현재의 나'와 '사건이 일어나기 전(과거)의 나에 대한 평가를 요구했다. 그리고 다른 참가자 그룹에게는 지인이 겪은 사건을 물어본 뒤 '현재의 그 사람'과 '사건이 일어나기 전의 그 사람'에 대해 평가를 해달라고 요청했다.

평가를 분석한 결과, 두 경우 모두 '사건이 일어나기 전'보다 '현재'를 긍정적으로 평가했다. 나쁜 일을 경험하면 인간은 성장한다는 것을 지각했다는 의미다. 다만, '나'와 '지인' 사이에는 차이점이 존재했다. 상당히 부정적인 사건을 직접 겪은 참가자만 '사건이 일어나기 전의 나'를 다른 조건보다 낮게 평가했다. 성장을 가장 크게 지각했다는 의미다.

인간은 힘든 일을 극복하면 예전보다 한층 더 성장했다고 믿는다. 이 또한 '자아 고양 동기'에 의한 효과로 보인다.

인간의 바람직한 자기평가, 낙관적 미래 예측, 다양한 상황에서의 통제 능력을 큰 그림에서 예측하는 것을 **'긍정적 환상'** 이라고 칭하는 연구자도 있다(Taylor & Brown, 1988).

자기평가를 높이기 위한 전략을 마냥 나쁘게 보지 않았으면 한다. 당연히 이야기지만 부정적인 측면만 있지는 않다. 인생을 살아가는 데도 성장을 위해서도 나 자신을 긍정적으로 바라보는 것은 중요하다. 나를 긍정적으로 바라볼 수 있기에 인간은 커다란 목표를 세우고 달려갈 수 있다.

물론 자기평가가 너무 높으면 악영향도 생긴다. 예를 들어, 조직 생활을 하던 사람이 상황 통제 능력을 과신한 나머지 본인 없이는 일을 돌아가지 않는다고 생각해 다른 사람에게 일을 맡기지도 못하고 쉬지도 못한다.

만약 휴가 동안 불안감이 엄습한다면 상황 통제 능력을 덜 지각해야 한다. 회사는 언제나 잘만 돌아가며 업무 속도가 늦어져도 나중에 처리할 수 있다고 생각하는 편이 좋다.

'나'와 관련된 동기로 '자아 확증 동기', '자아 검증 동기', '자아 개선 동기', '자아 고양 동기'를 살펴보았다.

네 가지 동기가 독립적으로 움직인다고 생각하니 우리가 예측한 방향에는 모순이 발생한다. 예를 들어, 자아 고양 동기가 있는데도 왜 자존감 낮은 사람은 '나는 ○○한 사람이니까'라는 '자아 확증 동기'에 사로잡혀 자기평가를 높이지 않는지 의문이 생긴다.

우리는 네 가지 동기를 모두 가지고 있지만 사람마다 어떤 동기가 우선적으로 작용할지는 알 수 없다. 상황에 따라 작용하는 동기도 제각각이다.

대다수의 사람들은 '뛰어난 사람이고 싶다'라는 '자아 고양 동기'의 영향이 강하지만, 업무를 넘겨받을지 말지 검토할 때는 '나를 정확하게 평가하고 싶다'는 '자아 검증 동기'가 먼저 작용한다.

나를 긍정적으로 보는 이유는 무의식적인 '자동적 과정'이며, 목적을 달성하기 위해 나를 정확하게 판단하려는 이유는 의지가 관여된 '통제적 과정'이다.

이처럼 **인간은 상황에 따라 모순된 동기의 작용을 구분하고 정보를 해석해 그 상황에 대처할 수 있다.**

CHAPTER 08

당신은 '다른 사람에게 어떻게 보이길 바라는가'

다른 사람이 나를 어떻게 생각하길 바라는가 - '자기암시'를 하는 이유

타인에게 '어떤 사람'으로 보이길 바라는가. CHAPTER 7을 읽고 나면 선뜻 대답하기 어려울 수도 있다. 자신도 '성실하다'고 생각하고 '다른 사람들도 성실한 사람으로 봐주면 좋겠다'는 생각이 드는 순간, '아, 이게 바로 자아 확증 동기(나는 ○○한 사람)의 작용인가' 싶어 깜짝 놀랄 수도 있다.

질문을 조금 바꾸어보겠다. 직장 동료의 눈에 당신은 '어떤 사람'이었으면 좋겠는가. 친구는 당신을 '어떤 사람'으로 기억 했으면 좋겠는가.

회사에서는 '유능한 사람'이고, 친구한테는 '사교적인 사람' 이길 바라듯이 상대와 상황에 따라 내가 원하는 모습은 다양 하다. 원하는 이미지대로 나의 행동은 달라진다. 다만, 어떤 상황에서도 호감형이기를 바라는 공통점은 있다.

내가 원하는 모습대로 보이도록 **'자기암시'**를 하는 데는 여 러 이유가 있다(Tice & Faber, 2001). **우선적으로 타인이 가진 나의 인상을 관리한다**(Baumeister, 1982). '타인에게 어떤 사람으로 보 여지길 바라는가'와도 관련이 있다.

또한, 타인의 특정 이미지를 암시함으로써 '자아를 구축한다'는 이 유도 있다. 이는 '나는 어떤 존재로 있길 원하는가'와 관련이 있다.

좋은 인상은 나의 긍정적인 감정을 키우고 부정적인 감정은 억누른 다는 '감정 제어의 이유'(Leary, 1995)도 한몫한다.

평가가 낮아지면 '바람직한 자기암시'를 자주한다

자기암시는 항상 일어나지 않는다. 다만, **과제가 실패했거나**(Schneider, 1969), **부정적인 평가로 이미지가 실추되었을 때 '바람직한 자기암시'**가 일어난다. 이를 검증한 연구(Baumeister & Jones, 1978)가 있다.

참가자는 성격 테스트를 실시한 후 처음 만나는 사람과 짝을 지었다. 그 후, 긍정적일 수도 부정적일 수도 있는 성격 테스트 결과를 전달받았다. 짝꿍에게 테스트 결과를 알렸거나 알리지 않았다고 했다(실제로 다른 조건도 있지만 여기서는 생략한다). 곧이어 참가자는 '짝꿍에게 나를 설명하는' 대화를 시작하고 본인의 특성을 여러 측면으로 평가받았다.

참가자의 '자기평가'를 확인해보니 '짝꿍에게 결과를 알렸다'는 안내를 받은 경우, 테스트 결과에서 긍정적인 피드백을 받은 참가자는 모든 항목에서 자기평가가 낮았다.

반면, 부정적인 피드백을 받은 참가자는 성격 테스트 내용과 관련된 항목에서는 자기평가가 낮았지만, 테스트와 관련 없는 항목에서는 자기평가가 높았다.

'짝꿍에게 성격 테스트 결과를 전달하지 않았다'는 안내를 받은 경우, 테스트 결과에서 긍정적인 피드백을 받은 참가자는 모든 항목에서 자기평가가 높았다.

반면, 부정적인 피드백을 받은 참가자는 성격 테스트 내용과 관련된 항목에서 '테스트 결과를 알렸다'고 안내받은 경우보다 자기평가가 높았다. **부정적인 평가를 받은 참가자는 긍정적인 자기암시를 통해 타인의 인상을 관리하고 나의 이미지를 지킨다.**

이 연구 결과를 일의 성공과 실패에 대입해보자.

나의 성공이 타인의 귀에 들어갈 때 우리는 자기 어필을 자제한다. 예를 들어, 업무 능력이 뛰어나 회사에서 표창을 받는 경우다. 이때 '이 상은 제힘으로만 얻은 결과가 아닙니다'라든가 '운이 좋았을 뿐입니다'라고 말한다.

반면, 나의 실패가 주변에 알려지면, 우리는 다른 영역에서 나의 능력이 높다는 사실을 타인에게 어필하려 한다.

'이 프로젝트는 실패로 끝났지만 다른 프로젝트는 잘되고 있습니다'라고 말을 하기도 한다.

만약 일이 성공했는데 주변에 알려지지 않으면 '우리가 했기 때문에 성공했다'며 능력을 추켜세운다. 아니면 일이 실패했는데 다른 사람에게 아직 알려지지 않았다면, 다른 사람들이 소식을 듣기 전에 '나는 일을 잘하는 사람이야'라고 먼저 말하고 다닌다.

테스트 결과를 '상대에게 알린다'는 정보를 들은 참가자는 이와 무관한 영역 즉, 상대가 모르는 영역에서 나의 바람직한 모습이 암시되는 이야기를 한다.

방금 전 예시로 말하자면 타인에게 나의 실패가 알려지면 다른 프로젝트는 잘되고 있다고 어필하는 상황과 같다. 다른 프로젝트는 아직 결과가 나오지 않았기에 가능한 일이다.

인간은 자신의 결과물이나 성과가 타인에게 알려지지 않았을 때 더욱 긍정적으로 자기암시를 한다. 이를 통해 타인에게 긍정적인 평가를 받을 가능성이 생긴다. 이를 검증한 연구(Schlenker & Leary, 1982)가 있다.

연구 참가자에게 시나리오를 읽고 등장인물(목표 대상)의 호감도를 평가하도록 했다. 시나리오는 '목표 대상이 과제(기말시험 혹은 테니스 시합)를 하기 전이나 후에 본인의 능력 대한 이야기를 나누었다'라는 내용이었다. 시나리오에 따르면 능력 수준은 '상당히 낮다'부터 '상당히 높다'까지 5단계가 있다.

목표 대상에 대한 호감 평가를 확인해보니, 결과를 알기 전이라면 자신의 능력을 긍정적으로 말한 만큼 목표 대상을 좋은 쪽으로 평가했다. 긍정적인 자기암시는 좋은 인상을 심어준다.

또한, 결과를 알게 된 다음에 목표 대상이 이야기한 능력과 실제 결과가 일치하는 경우에는 목표 대상을 좋은 쪽으로 평가했다. 목표 대상의 자기평가가 객관적으로 납득할 수 있다면 좋은 인상으로 기억된다.

여기까지 읽은 당신은 어쩌면 '나라면 내 능력이 높다고 말하고 다니지 않을 거야'라고 생각할지 모른다. '특히나 아는 사람이라면 겸손한 자세로 내 능력을 낮추는 자기암시를 하겠어'라고 생각한 사람도 있겠다. 한 연구에서도 **처음 만난 사람 앞에서는 긍정적인 자기암시를 했지만, 친구 앞에서는 나를 낮추는 자기암시를 보였다**(Tice et al., 1995). 실제로 부정적인 자기암시도 간혹 일어나는데 물론 이유는 있다. 이제부터 구체적으로 설명해보겠다.

'자기암시'의 방향은 두 가지다

'자기암시'는 **'주장적 자기암시'**와 **'방위적 자기암시'**로 구분된다 (Jones & Pittman, 1982). 이 둘은 타인에게 보여지는 인상을 적극적으로 조작하는지 아닌지로 나뉜다.

주장적 자기암시

'주장적 자기암시'에 포함된 다섯 가지 전략은 '아첨', '자기 선언', '시범', '위협', '애원'이다.

우리는 타인의 호감을 얻으려 아첨할 때가 있다. 상대의 비위를 맞추거나 아부를 떠는 것도 포함된다. 이러한 '아첨'은 상대의 긍정적인 측면에서 일어나는데, 이 아첨이 성공하면 상대의 호감을 얻을 수 있다. 부하직원이 상사에게 '역시 대단하세요'라며 한껏 띄워주는 경우다. 다만, 상대가 이미 눈치를 챘다면 먹히지 않을 수도 있다.

다음 두 가지 요소도 '주장적 자기암시'에 해당한다. 나의 능력과 가치를 상대에게 긍정적으로 표현하는 것을 '자기 선언'이라고 한다. '나는 일을 잘하는 사람'임을 상사에게 어필하는 부하의 행동이 여기에 해당한다. 상대에게 긍정적인 인상을 심어줄 수 있는 있지만 실제 능력과 일치하지 않는다면 역효과가 일어난다.

스스로 도덕적인 사람이라고 말하고 다니는 경우는 '시범'이라고 한다. 상사가 부하직원에게 '나는 팀원들을 허물없이 대한다'라고 어필했는데 실제 행동은 그렇지 않다면 오히려 역효과가 일어난다.

'주장적 자기암시'를 긍정적인 어필로만 단정 지을 수는 없다. 그 예로 '위협'은 상대에게 나는 위험한 존재임을 알린다. 이로 인해 상대를 통제할 수 있다. 상사가 부하에게 '이 일 제대로 못하면 인사평가가 좋지 않을 거다'라고 협박하는 경우를 예로 들 수 있다.

'애원'은 나의 부정적인 측면을 강조하는 전략으로, 잘만 되면 상대의 협력을 끌어낼 수도 있다. 부하직원이 상사에게 '일이 잘 풀리지 않으니 도와주세요'라고 말하는 경우다.

'아첨', '애원' 모두 상대가 나보다 우위에 있거나, 내가 상대보다 뒤떨어진다고 강조함으로써 내가 원하던 인상과 행동을

얻어내는 전략이다. 부정적인 자기암시로 **'자기 비하적 자기암시'**
라고도 부른다.

방위적 자기암시

'방위적 자기암시'는 나의 부정적인 인상을 회피하려고 할 때
일어난다. 어떤 일의 결과를 알고 난 후의 '변명'이나 '정당화'
도 이에 포함된다.

　어떤 사건의 결과가 명확해지기 전이라면 **'셀프 핸디캡**Self-
handicapping**'** 전략을 이용할 수 있다. '셀프 핸디캡'이란 **'실패는 외
부로 귀속시키고(변명), 성공은 내부로 귀속(칭찬)하는 기회를 늘리기
위한 행동이나 상황을 선택하는 것'**(Berglas & Jones, 1978, p.406)이라
고 정의한다.

　**우리는 자존감과 능력을 지키기 위해 사건이 일어나기 전에 일부러
노력을 아끼거나 성과가 낮아지는 행동을 선택하는 경우가 있다.** 이
는 **'행동적 셀프 핸디캡'**이다.

　학교 시험 기간 때 방 청소나 책상 정리에 의욕이 불타오른
다. 나는 '공부에 집중하려고 주변을 정리했을 뿐이다'라고

생각할지도 모르지만, '행동적 셀프 핸디캡'에 가깝다.

노력이 부족했다고 부풀려 말하거나 준비할 때 방해받았다고 토로할 때가 있다. 이는 '**언어적 셀프 핸디캡**'이다.

이러한 전략은 중요한 성과의 결과가 불확실할 때 통한다.

중요한 교섭을 앞둔 상황이다. 이런 바쁜 시기에 다른 프로젝트 회의에 참석하거나 후배를 가르치면서 시간을 부족하게 만든다. 또한 '갑자기 급한 일이 생겨 준비할 시간이 없었다'며 주변 사람들에게 굳이 말한다. 만약 교섭이 결렬된다 해도 실패의 원인을 다른 일이 바빴던 탓이라고 돌릴 수 있다. 나의 능력이 부족한 탓을 하지 않아도 된다. 그리고 만약 교섭이 성공하면 이리저리 바쁜 와중에 멀티태스킹도 할 줄 아는 유능한 사람으로 평가받는다.

그러나 이런 전략이 반복되면 부정적인 인상이 심어질 가능성이 있다.

학교에서도 이런 일이 있다. 시험 전에 '공부 하나도 못 했어'라고 걱정하던 친구가 시험을 잘 보면 '공부도 안 했는데 성적이 잘 나오다니 역시 머리가 좋네'라는 생각이 든다. 그런데 매 시험마다 레퍼토리가 같으면 '또 저러네' 하고 만다. 나중에 열심히 공부했다고 밝혀지면 오히려 부정적인 인상이 씌워진다.

상대는 분명 '셀프 핸디캡'을 통해 능력을 어필할 심산이었을지도 모른다. 그러나 어떤 의도가 보이면 오히려 상황은 뒤집힌다.

적절한 수준의 '셀프 핸디캡'은 자존감을 유지하는 성공적인 '자기암시' 전략이다. 이를 검증한 연구(McCrea, 2008)를 보자.

참가자는 '자존감' 정도를 측정받고 지적 테스트의 예제 두 문제를 풀었다. 정답과 오답이 하나씩 섞여 있고 이 테스트는 연습하지 않으면 점수가 낮게 나온다고 알려주었다.

참가자 절반에는 연습할 기회를 주고, 나머지 절반은 연습을 하지 않았다. 곧이어 지적 테스트 20문제를 풀고 성적이 낮게 나왔다고 거짓 피드백을 전달했다. 그 후 참가자에게 '만약 ~했다면 점수가 더 높았을 텐데'라는 반사실적 사고(이른바 '망상')를 생성하는 과제를 풀도록 했다. 그리고 마지막으로 '자존감'을 다시 측정했다.

참가자의 과제를 분석한 결과, 연습 기회가 없었던 참가자가 연습을 했던 참가자보다 연습에 관련된 상향된 반사실적 사고를 기술했다. 예를 들어, '만약 연습을 했더라면 결과가 더 좋았을 텐데'라는 내용이다.

자존감과 연관성을 검증한 결과, 연습 기회가 있던 참가자는 상향된 반사실적 사고를 생성할수록 자존감이 낮아졌다. 이 조건은 연습할 기회가 충분히 있었지만 성적이 낮은 것을 후회할수록 자존감이 낮아진다고 보면 된다.

연습 기회가 없었던 경우, 반사실적 사고와 자존감 사이에는 연관성을 보이지 않았다. 이 조건의 참가자는 '연습 기회가 없어서 성적이 낮았다'며 '셀프 핸디캡 전략'을 이용한다. 즉, '셀프 핸디캡'을 이용할 기회만 있다면 우리는 자존감을 유지할 수 있다.

'자기암시'는 나에게 어떤 영향을 미칠까

'자기암시'를 하면 자아개념이 변한다고 한다. 예를 들어, 내가 조직의 리더라고 해보자. 리더 역할을 잘 해내려고 의식적으로

'리더답게' 행동하는 사이에 자아개념은 '통솔력이 있는 나' 혹은 '행동력이 있는 나'로 바뀔 가능성이 있다. 이러한 영향을 검증한 연구(Tice, 1992)가 있다.

참가자는 자신에 대한 질문에 대답할 때 내향적 혹은 외향적으로 자기암시를 하도록 요구받았다. 질문에 답하는 동안 다른 사람에게 자신의 답변이 보인다고 알리는 조건(공표조건)과 보이지 않는다는 조건(익명조건)을 설정했다. 질문 답변 후 자기평가도 진행했다.

결과를 분석하기 위해 참가자의 자기평가를 확인했다. 그러자 내향적 자기암시를 한 사람은 외향적 자기암시를 한 사람보다도 본인을 내향적이라고 평가했다. 그리고 그 효과는 다른 사람에게 보인다는 공표조건 쪽이 더 컸다. 참가자가 타인 앞에서 자기암시를 한 경우에는 자기암시 내재화, 즉 자아개념을 더 쉽게 받아들였다.

연구는 아직 끝나지 않았다. 참가자에게 의자를 갖고 나오도록 한 다음 대기실에서 기다리도록 했다. 대기실에는 다른 참가자(실험 협력자)가 의자에 앉아 있었는데, 그 자리와 참가자가 의자를 둔 장소 간 거리를 측정했다. 그리고 3분 동안 참가자와 실험 협력자의 대화를 기록했다.

의자 간 거리를 측정해보니 내향적인 자기암시를 한 경우, 외향적인 자기암시를 한 경우보다 거리가 멀었다. 이 효과는 공표조건, 즉 여러 타인 앞에서 자기암시를 한 경우에 더 지대했다. 또한, 공표조건에서는 외향적인 자기암시를 한 경우가 내향적인 자기암시를 한 경우보다 대화를 먼저 시작한 사람의 비율이 더 높았다. 익명조건에서는 이런 차이가 보이지 않았다. 즉, 타인 앞에서 자기암시를 함으로써 자아개념도 변하고 행동에도 영향을 끼친다.

이 결과는 자기암시로 인해 자아개념이 변할 수 있다는 가능성을 시사한다. 특히 다른 사람들 앞에서 외향적으로 행동하면 스스로 '나는 외향적인 사람'이라고 여긴다. 그리고 타인과 상호작용할 때도 '외향적인 나'처럼 행동하게 된다.

자, 방금 전에 리더가 된 나의 모습을 상상했을 때 기분이 어땠는가.

앞에서 설명한 연구(Tice, 1992)에서는 참가자의 자기암시는 단시간 안에 이루어진 만큼 자아개념 변화도 일시적일 가능성이 있다.

만약 우리가 실제로 한 조직의 리더가 된다면 일할 때도 늘 리더다운 자기암시가 요구된다. 당연히 자기암시는 직장 부하 등 타인의 앞에서 이루어진다.

오랜 시간에 걸쳐 리더에 걸맞은 행동을 하는 동안 우리는 나 자신을 '리더인 나'로 바라보게 된다. 점점 연기가 아닌 리더다운 행동이 자연스레 나온다. '자리가 사람을 성장시킨다'라는 말은 이러한 메커니즘으로 성립된다.

CHAPTER 09

당신은 '다른 사람에게 어떻게 보일까'

나는 눈에 띄는 사람일까

ㅡ 스포트라이트 효과

인간은 자신의 행동이나 모습이 주변 사람들의 이목을 끈다고 착각할 때가 많다. 이런 경향을 '스포트라이트 효과'(Gilovich et al., 2000)라고 한다.

울퉁불퉁하지도 않은 길에서 발을 헛디뎌 넘어졌다고 상상해보자. 지나가던 사람들이 모두 쳐다보는 것 같아 쥐구멍에라도 숨고 싶어진다.

회사에 출근해 무심결에 고개를 숙였는데 아침에 서둘러 나오느라 정장과 전혀 어울리지 않은 신발을 신었다는 것을 이제야 깨달았다. 이상한 옷차림을 사람들이 알아볼까 봐 퇴근할 때까지 안절부절못한다. 온 신경이 나에게 집중되어 있기 때문에 다른 사람 눈에도 잘 띈다고 생각한다. 하지만 실제로는 나를 쳐다보지도 않을뿐더러 회사 동료들도 당신의 옷차림에 크게 관심이 없다.

인간은 자신의 행동과 모습의 변동성에 대해 주변에서 느끼는 것보다 더 확대해서 예상한다. 이와 관련된 연구(Gilovich et al., 2002)가 있다.

일면식이 전혀 없는 참가자 세 사람을 한 조로 묶은 후, 비디오 게임 플레이어 A, 플레이어 B, 관찰자 역할을 부여했다. 그리고 '게임은 총 5라운드'라고 알린 뒤 라운드가 끝날 때마다 세 사람은 다음 항목을 평가했다.

플레이어 역할을 맡은 참가자는 본인의 게임 수행능력과 다른 플레이어의 수행능력을 평가한다. 그리고 다른 플레이어와 관찰자가 나의 수행능력을 어떻게 평가할지 추측한다. 게임은 다섯 차례나 있기 때문에 수행능력의 변동성은 매 라운드마다 실시한 평가의 불규칙성으로 검증했다.

만약 '스포트라이트 효과'가 일어났다면, 다른 플레이어는 참가자의 수행능력 편차를 실제보다 더 크게 느껴야 한다. 이를 검증하기 위해 다른 플레이어의 '실제' 평가와 참가자가 '추측'한 평가의 불규칙성을 비교한다.

분석 결과, 참가자는 자신의 수행능력 편차를 다른 플레이어의 예측보다 확대해서 인지하고 있었다. 다시 말하자면, 게임을 잘하거나 못할 때 스포트라이트를 받는다고 생각한다는 이야기다. 그러나 실제로는 게임을 잘하든 못하든 생각보다 신경 쓰지 않았다.

게다가 관찰자 역할이 실제로 평가한 불규칙성 평가와 참가자가 추측한 불규칙성 평가에는 차이가 없었다. 참가자와 다른 플레이어 사이에서만 스포트라이트 효과가 일어난 이유는 '다른 플레이어도 게임하느라 정신이 없다'는 사실을 참가자가 인식하지 못했기 때문으로 보인다.

방금 전 예시처럼, 내 모습이 평소와 다르면 스포트라이트를 받는다는 느낌이 들지만 다들 일하느라 바쁘기 때문에 타인의 달라진 모습에 관심을 가지지 않는다. 역지사지로 생각해보면 된다. 가깝게 지내던 사람이 머리를 잘랐어도 당신 역시 모를 수도 있다.

속마음을 들켰을까
— 투명성의 착각

다른 사람들이 나의 생각과 감정을 알고 있다고 생각할 때가 있다.

친밀한 사이라면 굳이 말로 하지 않아도 서로의 감정을 이해하기도 한다. 상대방이 나를 이해해준다고 믿는 마음과 실제 상대의 마음이 같다면 문제는 일어나지 않는다. 그러나 인간은 때때로 **타인에게 속마음을 읽혔다고 생각한다.** 이를 '**투명성의 착각**'이라고 한다(Gilovich et al., 1988).

'투명성의 착각'에 관한 연구 과제로는 참가자에게 거짓말하는 게임, 표정 변화 없이 맛없는 음료수 마시기 게임이 있다. 그리고 다른 사람에게 어디까지 들켰을지 추측하도록 했다. 그 결과, 참가자는 주변의 실제 평가보다 속마음을 더 많이 들켰다고 생각했다.

타인이 나에 대해 얼마나 알고 있는지 궁금하면 '타인의 시점'에서 바라봐야 한다. 바로 '제삼자 시점'이라는 방법이다. 그러나 인간은 무의식적으로 나를 기준에 두기 때문에 타인의 시점으로 전환하기가 어렵다는 점이 편향의 원인으로 꼽힌다. 이런 상황에서 나에게 집중하면 '투명성의 착각'이 훨씬 더 커지지 않을까 싶다. 이를 검증한 연구(Vorauer & Ross, 1999)가 있다.

이 연구에서 참가자 절반은 '행위자 역할', 나머지 절반은 '관찰자 역할'이다. '행위자 역할'을 맡은 참가자는 다음 글을 읽은 후, 글 속의 대인관계 문제를 어떻게 해결할지 보기에서 한 가지 방법을 선택한다. 글과 보기는 다음과 같다.

당신은 네 달 전, 친구의 딸을 비서로 고용했다. 일은 못하지만 열심히 한다. 그녀의 아버지는 당신한테 늘 잘해주었다. 이 사람과의 우

정도 소중하다. 아버지는 딸이 일을 잘한다고 믿고 있다. 그리고 '내

딸은 그 일을 좋아해'라고 말한다.

【보기】

(a) 다른 직원을 데리고 와 그녀가 실수하지 않도록 관리시킨다

(b) 그만두라고 한다

(c) 업무 강도를 높여 퇴사를 유도한다

(d) 연수를 받으라고 한다

행위자 역할이 고른 답을 관찰자 역할에게 알려주었다. 그
리고 관찰자는 행위자 역할의 인상을 특정 단어 30개로 평가
한다.

행위자 역할은 다음 두 가지 과제를 수행한다.

첫 번째 과제는 본인이 고른 단어로 나라는 사람이 얼마나
정확하게 판단될지 추측해본다. 그리고 30개 단어로 관찰자
가 나의 특성을 얼마나 정확하게 파악할지 추측한다. 두 번째
과제는 동일한 단어 30개에 대해서 자기평가를 실시한다.

과제 순서에 따라 자기 주목도를 조작했다. 자기 주목도가 낮은 조건에서는 타인의 평가를 추측한 다음에 자기평가를 실시했다. 자기 주목도가 높은 조건에서는 순서를 바꾸어 자기평가를 먼저 한 다음에 타인의 평가를 추측했다.

양쪽 평가를 비교해보니 자기 주목도가 높은 조건일 때, 관찰자 역할이 질문의 대답을 통해 나의 속마음을 알아챘다고 추측했다. 그러나 관찰자의 실제 평가에서 조건에 따른 차이는 없었다. 자기를 주목했기 때문에 타인의 '제삼자의 시선'은 효과가 떨어지고 '투명성의 착각'은 커졌다.

한정된 정보만으로 나의 복잡한 속내가 모두 드러날 리 없는데 우리는 타인에게 속마음을 들켰다고 생각한다. 특히, **진실을 감출 때, 나에 대해 생각할 때, 나한테 신경이 쏠릴 때 '투명성의 착각'이 발생한다.**

상사의 농담에 겉으로는 웃고 있지만 속으로는 집에나 빨리 가고 싶다는 생각을 했다. 억지웃음을 지었다고 스스로 느낀 순간 본심이 들킨 것 같아 갑자기 초조해지는 상황도 마찬가지다.

나는 선택받을까
─ 자기 목표 대상 편향

'스포트라이트 효과'와 '투명성의 착각'은 '자기 중심성 편향'과 관련 있다. '자기 중심성 편향'은 어떤 사건의 원인이 나에게 있다고 과잉지각하는 사고방식이다(Zuckerman et al., 1983). '자기 중심성 편향'은 CHAPTER 2에서 '자기 봉사적 편향'과 함께 언급한 바 있다. 여러 명이 과제를 수행할 때, 나의 과제 공헌도가 다른 사람보다 크다고 믿는다.

내가 목표 대상일 때의 과잉 지각을 '자기 목표 대상 편향'이라고도 한다. 인간은 사람들 사이에서 누군가를 선택해야 하는 상황에서 내가 선택받는다고 생각하는 경향이 있다. 이를 검증한 연구(Feningstein, 1984)가 있다.

8인조 그룹을 일렬 가로로 앉혔다. 참가자에게는 '실험 증명을 위해 한 명만 선택한다'고 알렸다. 그룹 절반에게는 실험 증명이 긍정적인 내용이라고 설명했고, 나머지 그룹 절반에게는 부정적인 내용이라고 설명했다. 그리고 참가자 절반은 자신이 선택받을 확률을 추측하고, 나머지 절반은 자신의 양쪽에 앉은 사람이 선택받을 확률을 추측했다.

참가자의 대답을 확인한 결과, 내용과는 무관하게 자신이 선택될 확률이 타인이 선택될 확률보다 높게 나왔다. 특히, 자아 주목도와 자아 의식 특성이 높은 참가자에게서 높게 나타났다. 자기 자신에게 관심을 기울이는 사람일수록 '내가 목표 대상이 될 가능성이 높아진다'고 예상했다.

학교 다닐 때 아무 생각 없이 영어 수업을 들은 경험이 있지 않은가. 예습은커녕 단어조차 찾아보지 않아 노트가 깨끗하다. 발표를 시킬까 봐 불안에 떨수록 선생님이 당장이라도 내 이름을 부를 것 같다. 회사에서 회의할 때도 별반 다를 게 없지 않을까 싶다.

CHAPTER 10

내가 '바라보는 나'는
진짜 내 모습일까

'중요한 사람'을 떠올리면 내 관점이 바뀐다

CHAPTER 7에서는 '자아개념'에 대해 설명했다. 인간의 자아개념은 상황에 따라 바뀐다는 설명도 했다. '자아개념'은 일시적인 요인에도 영향을 받지만 '중요한 타인'의 개념이 활성화될 때도 바뀐다.

'중요한 타인'이란 말 그대로 '중요'한 관계에 놓인 사람이다. 부모님, 형제, 친구나 배우자도 포함된다. 타인이 나를 알고 있는 것도 자아개념에 속하기 때문에 '타인 개념'의 활성화가 '자아개념'에 영향을 준다. 즉, **중요한 타인'을 떠올릴 때(의식하지 못하더라도), 나 자신을 대하는 관점도 바뀐다.** 이를 검증한 연구(Baldwin et al., 1990)가 있다.

연구 참가자는 심리학을 배우는 대학원생이다. 연구소 소장인 심리학자는 학생들에게 '중요한 타인'이다. 연구자는 실험 전 심리학자가 찡그리고 있는 사진과 어떤 대학원생이 웃고 있는 사진을 준비했다.

참가자들은 연구 주제에 대해 아이디어를 적었다. 그 후, 아이디어를 자기평가하는 동시에 다른 과제에도 참가했다. 빛의 점멸에 반응해 버튼을 누르는 과제다. 과제를 하는 도중에 심리학자나 대학원생의 사진을 의식조차 못 하는 순간에 꺼내 보이는 연구다. 즉, 참가자는 자기평가에 여념이 없어 알아차리지 못했겠지만 중요도가 높은 타인(학자)과 중요도가 낮은 타인(대학원생) 중 누군가의 개념은 활성화되었다고 예상된다.

자기평가한 아이디어를 분석한 결과, 대학원생 사진을 본 이후의 자기평가가 심리학자 사진을 본 다음보다 긍정적이었다. 심리학자 사진을 보자 '중요한 타인'의 개념이 활성화되어 자기평가가 떨어진 것으로 보인다. 그런데 이 결과는 부정적인 개념이 활성화된 것이 원인일 수도 있다. 즉, 자기평가에 영향을 미친 요인은 '중요한 타인'이 아닌 찡그린 표정일 가능성이 있다.

이 가능성을 검증하고자 다음 연구에서는 얼굴을 찡그린 심리학자와 로마 교황의 사진과 통제 조건(비교를 위한 조건) 역할을 하는 배경이 흰 영상을 준비했다. 이 연구의 참가자는 가톨릭 신도 중 여성 학부생들이다. 이들에게 로마 교황의 중요도는 높겠지만 심리학자의 중요도는 높지 않을 것이다.

이 과제 중 일부는 한 여성의 성적인 꿈에 관한 글을 읽는 것이다. 또 다른 과제는 빛의 점멸을 보는 동안 심리학자, 로마 교황, 새하얀 영상 중 하나를 순간적으로 보여주었다. 사진이나 영상을 알아챈 참가자는 없었다. 마지막 단계로 참가자는 자기평가를 실시했다.

참가자의 대답을 확인한 결과, 독실한 신자가 로마 교황 사진을 보았을 때 다른 조건에서보다 자기평가가 유독 낮아졌다. 로마 교황의 개념이 활성화되면 연구임에도 불구하고 성적인 이야기를 읽은 자신의 평가를 낮추는 것으로 보인다. 이 효과는 '중요한 타인'의 개념이 자아개념에 얼마나 얽혀 있는지에 따라 천차만별이다.

자아개념에 포함된 '중요한 타인'의 개념은 의식조차 하지 못한 사이에 나를 바라보는 관점에 영향을 준다. 앞선 연구에서는 그 사람의 얼굴을 봤는지조차 모르는 경우라도 효과는 나타났다.

'중요한 타인'의 개념은 그 사람과 비슷한 사람만 봐도 활성화된다 (Hinkley & Andersen, 1996). 예를 들어, 직장상사가 학교 은사와 느낌이 비슷하다고 해보자. 직장상사와 같이 있을 때 마치 은사와 같이 있었을 때처럼 행동할지도 모른다.

'자기 관찰'의 한계

무자각 상태여도 상황에 따라 '자아개념'이 변한다고 설명했다. 그 밖에도, 스스로는 의식할 수 없는 자아가 있다.

그 사람에게 왜 호감이 생겼는지 이유를 생각하다 어느샌가 마음이 예전 같지 않을 때가 있다. 진실에 접근하지 못했을 때 흔히 일어난다.

안타깝게도 인간의 '자기 관찰'에는 한계가 있다. 이유를 밝히려고 억지로 짜맞추다 보니 앞뒤가 맞지 않아 혼란스럽기만 하다. 결국 **자기보고의 내용과 그 사람의 행동이 일관되지 않는 현상이 나타나기도 한다.** 이를 검증한 연구(Wilson et al., 1984)가 있다.

처음 연구에서 참가자는 퍼즐을 맞춘다. 참가자 절반은 퍼즐이 '재미있는지', '지루한지' 그리고 '왜 그렇게 생각하는지'에 대해 **'이유도 같이 분석'**하면서 퍼즐을 맞추었다. 나머지 절반의 참가자는 오직 퍼즐만 맞추었다.

과제가 끝난 후 참가자는 퍼즐을 평가했다. 그리고 대기 시간 동안 퍼즐을 계속하는지 아닌지 참가자의 행동을 기록했다. 자기보고한 내용과 행동의 연관성을 검증한 결과, '이유를 분석'한 참가자들의 경우에는 연관성이 낮았다. '재밌다'고 평가한 사람이 대기 시간 동안 퍼즐을 하지 않거나, '지루하다'고 평가한 사람이 퍼즐을 하기도 했다.

다음 연구에서는 풍경 사진 슬라이드를 참가자에게 보여주었다. 그리고 어떤 감정을 느꼈고 왜 그런 감정을 느꼈는지 '이유를 분석'하는 조건과 사진만 보고 끝나는 조건으로 나누었다.

그리고 사진에 대한 평가를 받았다. 또한, 슬라이드를 보는 참가자의 표정을 기록했다. 즉, 참가자의 행동을 측정했다. 그 결과, '이유를 분석'한 참가자는 자기보고한 내용과 행동의 연관성이 낮았다.

지금까지의 결과를 정리해보자. 참가자의 태도와 행동은 어떻게 퍼즐이나 사진을 대했는지 그 '이유를 분석'할 때 일치하지 않는다.

다음 연구로 넘어가겠다. 이번에는 커플이 관계를 스스로 평가했다(어떤 일이 일어날지 당신은 어렴풋이 짐작했을 테다).

연구 시작 전 서로 다른 방으로 커플을 안내했다. 절반의 커플은 '상대와 관계를 지속하는 이유'에 대해 분석하고 기록하기로 했다. 나머지 커플 절반은 아무런 지시도 받지 않았다.

곧이어 커플들은 '두 사람 사이의 관계성'을 평가했다. 곧이어 커플이 문제 해결 과제를 함께 푸는 동안 그들의 비언어적 행동을 기록하고 분석했다. 이는 단기적 행동을 측정하기 위함이다. 장기적 행동도 알아보기 위해 32~41주 후에 다시 연락해 아직도 만나고 있는지 물어보았다(어떤 결과가 나올지 감이 오지 않는가).

'이유를 분석'한 커플은 자기보고한 내용과 교제 지속성의 연관성이 낮았다. '관계에 만족한다'고 대답했지만 일 년 안에 헤어지거나, 만족감이 높지 않았는데 만남을 지속하기도 했다. 자기보고와 단기적인 행동의 연관성도 검증했다. 지표의 일부이기는 하나 '이유 분석'이 영향이 있다는 결론이 나왔다.

'나는 왜 그렇게 생각하는 걸까'라는 분석이 반드시 나를 깊이 이해하는 결과로 이어지지는 않는다. 그 밖에도, **이유 분석이 나의 행동을 예측하기 어렵게 하고**(Wilson & LaFleur, 1995), **내가 고른 물건이 만족스럽지 않게**(Wilson et al., 1993) 하기도 한다(Wilson, 2009). **겉으로는 그럴싸해 보이지만 불분명한 해석은 인간의 태도와 행동 사이에 괴리를 낳는다.**

'이유 분석'은 나를 알기 위한 수단으로 적절치 않다. 또한, 애인에게도 다음과 같은 질문은 삼가는 편이 좋다. '왜 나랑 만나?', '왜 내가 좋아졌어?' 등과 같은 질문 말이다.

'자기보고'를 어려워하는 나를 어떻게 탐색할까

지금까지 살펴본 연구들은 대개 참가자가 '자기보고'를 통해 나와 타인을 평가했다. 그러나 '이유 분석'에 관련한 연구 결과처럼 우리는 자신도 의식하지 못하는 과정으로 인해 어떠한 행동을 할 가능성도 있다. 또한, '자아개념'에 완벽하게 접근하기란 어렵다. 내가 의식하지 못하는 자아가 존재한다는 이야기다.

그렇다면 '자기보고'로 측정된 나는 '진짜 내 모습'이 아닌 걸까. 이 의문에 다음과 같이 설명할 수 있다. 원하는 만큼 접근하지 못했어도 '자기보고'에서 얻은 평가가 모두 정확하지 않다고는 볼 수 없다. 그래서 나를 '○○한 사람'이라고 해도 틀린 말이 아니다.

인간에게는 '접근이 용이한 자아'와 '접근이 어려운 자아'가 있다. 전자는 '자기보고'로 측정할 수 있지만, 후자는 뒤에서 설명이 나오겠지만 다른 방법이 필요하다.

'자기보고'에는 조절이 필요할 때도 있다. 예를 들어, '일을 좋아하나요'라는 질문에 어떤 대답을 할 것인가.

인사 평가 면담에서 이런 질문을 받았다면 바람직한 자기 암시를 위한 대답을 모색한다. 깊게 생각하지 않아도 되는 상황인데도 내가 최선을 다하는 일을 부정하고 싶지 않아 좋은 쪽으로 대답하려고 애쓴다. 이런 경우 인간은 대답을 의식적으로 조정한다. 즉, **자기보고한 내용은 '조절의 영향'을 받는다.**

사회심리학에서 '접근이 어려운' 태도나 '조정의 영향'이 배제된 태도를, 간접적으로 측정하는 방법을 개발하는 데 노력을 기울였다. '내재적(암묵적) 연관 검사'라고 불리는 수단이 있다[3](Greenwald et al., 1998). 개념 간 연관의 끈끈함을 측정하는

---

[3] 내재적 연관 검사의 증명은 다음 웹 사이트를 참고하길 바란다(https://implicit.harvard.edu/implicit/korea/).

방법으로 상세 설명은 건너뛰겠다.

예를 들어, 자신을 긍정적으로 바라보는 사람은 '나'와 긍정적인 요소의 연결고리가 강력하다. 반면 '나'와 부정적인 요소는 연결고리가 약하다. 그리고 '타인'과 긍정 요소의 연결고리도 약하다. 그렇기 때문에 '자아'·'가치'의 연관이 '자아'·'무쓸모' 혹은 '타인'·'가치'의 연관보다도 끈끈하게 보인다.

이 단어들을 두 가지 그룹으로 분류했다. '자아'·'가치' 혹은 '타인'·'무쓸모'를 각각 같은 그룹에 분류하는 과정은 쉽고 빠르다. 그러나 '자아'·'무쓸모', '타인'·'가치'를 같은 그룹에 분류하기란 어렵고 시간도 오래 걸린다. 분류하기 쉬운 조합과 분류하기 어려운 조합에 소요되는 시간의 차이가 클수록 자존감도 높다고 간주된다.

이 방법을 이용하면 '자존감'의 정도를 간접적으로 측정할 수 있다. 이 지표와 참가자의 '자존감'을 직접적으로 물어 대답을 듣는 지표와의 연관성을 검증한 연구에서는 양쪽의 연관성은 생각보다 강력하지 않았다(Greenwald & Farnham, 2000). '나'에 대해 생각하고 보고하는 과정에는 조정 기능이 있으며, 간접적인 방법으로 측정된 경우와는 일관성이 떨어진다고 본다.

그렇다면 '자아'는 미지의 영역일까. 어렵겠지만 내 행동을 관찰하고 태도를 추론해보려 노력해야 한다.

예를 들어, 나 자신을 얼마나 긍정적으로 파악하는지 궁금하다면 주변 사람들한테 받은 좋고 나쁜 피드백 중 어디에 더 집중했는지 떠올려보자.

인사 평가 면담이라면 긍정적인 측면은 더 많이 말하고, 부정적인 측면은 개선한다고 어필할 수 있다. 긍정적 혹은 부정적 어느 한쪽에만 집중한다든가 기억하는 경우가 있다. 어쩌면 자존감을 추론해볼 수 있는 지점이다. 긍정적인 장면이 많이 떠오른다면 긍정적인 자아가 잡혀 있는 사람이다.

'어디선가 들어봤다(읽었다)'고 생각할 수도 있다. 바로 CHAPTER 7에서 '자기 확증 동기'를 설명할 때 소개한 연구(Story, 1998)의 아이디어를 활용한 방법이다. 이처럼 행동을 관찰해 추론하는 것은 나 자신과 다른 사람을 파악할 때도 유용하다.

PART 4

'집단'의 인상은
어떻게 만들어질까

CHAPTER 11

당신은 어떤 눈으로
'그 사람들'을 바라볼까

고정관념, 편견 그리고 차별

PART 1에서는 '집단'의 범주에서 관찰되는 편향을 몇 가지 살펴보았다. '내집단(내가 속한 집단)'과 '외집단(그 외의 집단)'에 관한 편향이었다. 이번에는 '외집단'과 그 구성원의 인상이 어떻게 만들어지는지 이야기해보려고 한다.

'고정관념'이란 집단 구성원의 속성을 일반화한 개념이다.

PART 2의 예시처럼 '스포츠팀 리더'라는 사회적 범주와

'외향적' 속성이 묶여 '스포츠팀 리더는 외향적이다'라는 '신념'이 생긴 경우다. 집단에 대한 '인지적 지식 구조(스키마)'라고도 한다.

이 스키마에 '좋다' 혹은 '나쁘다'와 같은 평가나 '좋아한다' 혹은 '싫어한다'라는 감정이 더해지면 '편견'이 된다. '스포츠팀 리더는 외향적이라 마음에 든다'는 생각도 마찬가지다. 부정적인 평가나 감정이 동반될 때도 '편견'이 될 수 있다.

'편견'이 있을 때의 선택이나 의사결정은 '차별'이 된다. 예를 들어, 영업부 직원을 채용할 때 스포츠팀 리더였던 사람을 우대하는 경우다.

왜 특정 집단 구성원에 대한 '고정관념'이 발생하고 유지되는지 알아보자.

'고정관념'은 어떻게 만들어지는가
─ 고정관념 형성

타인을 '하나의 덩어리'로 바라볼 때 느껴지는 전반적인 인상이 '고정관념'으로 이어진다. 인간의 인지는 다양한 형태로 '고정관념' 형성에 관여한다. 이를 **'범주화'** 과정과 **'착각적 상관'** 현상에서 생각해보자.

'범주화'의 영향

우리는 살면서 수많은 사람을 만난다. 그래서 상대가 어떤 사람인지 파악하고 어떻게 대응할지 재빠르게 판단할 필요가 있다. PART 1에서 설명한 인상 형성의 '2과정 모델'(Brewer, 1988)과 '연속체 모델'(Fiske & Neuberg, 1990)을 떠올려보자. 두 모델처럼 타인을 '범주화'하면 관점이 단순해진다.

타인의 '범주화'는 평소에도 자주 쓰인다. 지하철에서 눈앞에 노인이 서 있으면 자리를 양보하지만 젊은 사람이면 가만히 있는다. 연령별로 '범주화'했기 때문에 가능한 일이다. 연령은 외관으로도 충분히 짐작되기 때문에(안 되는 사람도 있지만) 범주화가 수월하다.

동일한 이유에서 인종이나 성별 범주와 같은 시각 정보도 타인을 판단할 때 흔히 사용한다. 타인을 범주에 넣는 것 자체는 잘못되지 않았다. 그러나 범주화가 '고정관념' 형성 과정에 관여한다는 사실을 잊어서는 안 된다.

PART 1에서처럼 '내집단'과 '외집단' 범주화가 성립되면 '내집단 편애 현상', '집단 동질성 지각' 혹은 '검은 양 효과'가 발생한다. '집단 동질성'은 특히 외집단에서 자주 관찰된다. 즉, **외집단 구성원의 특징이 다른 구성원에게도 있는 공통적인 특징이라고 생각한다.**

스포츠 경기에서 아프리카계 미국인의 활약상을 보고 있노라면 아프리카계 미국인들은 모두 신체적 능력이 뛰어날 거라는 생각이 든다. 그런데 사실은 그렇지 않다. 외국인은 일본인을 예의 바른 민족으로 묘사하지만 무례한 사람도 당연히 있지 않은가. 이처럼 외집단의 구성원을 전부 똑같이 볼 때 그 집단 구성원에 대한 '고정관념'이 박힐 가능성이 있다.

'착각적 상관'의 영향

'고정관념' 형성 과정에서 눈에 띄는 두 가지가 있다. 이 두 가지는 서로 관련이 없거나 관련이 있어도 그 정도가 약한 경우

인데, 그럼에도 인간은 이 둘의 연관성을 강렬하게 인식할 때가 있다.

소수파 집단은 눈에 잘 띈다. 예를 들어, 여성 비율이 높은 직장에서 남성들은 눈에 잘 띈다. 일반적으로 바람직하지 않은 행동은 바람직한 행동보다 눈에 잘 들어온다. 만약 남성 직원이 거슬리는 행동을 하면 남성이라는 범주와 바람직하지 않다는 특성이 묶여서 기억되기 때문에 연관성이 있다고 인식한다. 이처럼 **잘못 짝지어진 현상을 '착각적 상관'**(Hamilton & Gifford, 1976)이라고 한다. 이 현상의 메커니즘을 검증한 연구(Hamilton et al., 1985)가 있다.

연구 참가자에게 소책자를 나누어주고 읽게 한다. 소책자에는 목표 대상 39명의 이름, 그룹명(A 혹은 B) 그리고 그 사람의 행동('바람직하다' 혹은 '바람직하지 않다')을 한 페이지씩 설명해놓았다.

행동 설명으로 그룹 A 중 18명은 '바람직한 행동', 8명은 '바람직하지 않은 행동'이라고 적혀 있다. 그룹 B는 9명이 '바람직한 행동', 4명은 '바람직하지 않은 행동'이라고 적혀 있다.

참가자는 한 페이지당 10초씩 읽고 다음 페이지로 넘긴다. 끝까지 다 읽고 4분 뒤에 기억나는 모든 것을 적는다.

곧이어 그룹 A 인원은 26명, 그룹 B는 13명이라고 알려준 후, 각 그룹의 참가자에게 '바람직한 행동'과 '바람직하지 않은 행동'의 가짓수를 물어보았다. 각 그룹의 '호감도'도 평가했다.

참가자의 기억을 검증한 결과, '바람직하지 않은 행동'은 '바람직한 행동'보다 기억에 오래 남았다. 더욱이 소수파인 그룹 B의 '바람직하지 않은 행동'은 그룹 A의 '바람직하지 않은 행동'이나 양쪽 그룹의 '바람직한 행동'보다 선명히 기억되었다. 호감도 평가에서는 그룹 A가 그룹 B보다 좋게 나왔다.

실험에 나온 행동의 수를 보자. A 그룹이든 B 그룹이든 '바람직한 행동'과 '바람직하지 않은 행동'의 비율은 같았다. 그럼에도 불구하고 소수파의 '바람직하지 않은 행동'은 기억에 오래 남았고 호감도는 낮아졌다. 즉, **'소수파 집단'과 '바람직하지 않은 행동'**이라는 눈에 띄는 두 가지 요인이 묶인 경우다.

이처럼 소수파에는 부정적인 '고정관념'이 박힐 가능성이 있다. 방금 전 예시처럼 여성이 많은 회사에 다니는 남성, 반대로 남성이 많은 회사에 다니는 여성 혹은 일본에 방문한 외국인이 눈에 거슬리는 행동을 하면 시선이 집중된다. 이로 인해 집단 범주에 대한 부정적인 '고정관념'은 쉽게 만들어진다.

'고정관념'은 바꾸기도 없애기도 힘들다
ㅡ 고정관념 유지

'고정관념'이 이미 있다면 바꾸기도 없애기도 힘들다. 인간의 인지는 다양한 형태로 '고정관념' 유지에 관여한다. '확증 편향'과 '서브타이핑' 과정 그리고 '고정관념의 내용'의 관점에서 정보가 어떻게 처리되는지 살펴보자.

'확증 편향'의 영향

PART 2에서 설명했듯이 타인의 정보는 '탐색', '기억', '해석' 그리고 '예측'이라는 단계를 거쳐 '신념'으로 굳어진다.

A가 스포츠팀 리더였다면, 대화 속에서 '스포츠팀 리더는 외향적이다'라는 '고정관념'과 일치하는 정보들을 찾아내 외향적인 특징들을 집중적으로 기억한다. A에 대한 새로운 정보가 들어와도 외향적이기 때문이라고 해석하고, 그 사람은 외향적인 행동을 할 거라고 예측한다. 이처럼 '확증 편향'은 인간의 '고정관념'을 유지시킨다.

'서브타이핑'의 영향

'고정관념' 유지와 관련해 '서브타이핑'이란 과정이 있다. **집단의 '고정관념'과 일치하지 않는 목표 대상에 관한 정보가 주어졌을 때, '서브타이핑(하위집단)'이 형성된다**(Weber & Crocker, 1983).

예를 들어, 스포츠팀 리더였던 B와 처음 이야기를 해봤는데 전혀 외향적이지 않았다. 그다음에 만난 C도 리더를 했던 적이 있지만 외향적인 사람은 아니었다고 해보자.

'스포츠팀 리더는 외향적이다'라는 '신념'이 바뀌어도 이상하지 않다. 그러나 '서브타이핑'이 발동하면 신념은 바뀌지 않는다. '스포츠팀 리더' 집단에 '과묵한 리더들'이라는 예외적인 하위집단이 있다고 생각한다.

따라서 외향적이지 않은 스포츠팀 리더를 만나더라도 '이 사람은 예외'라고 받아들인다. 결국 '스포츠팀 리더는 외향적이다'라는 고정관념은 깨지지 않는다.

또 다른 예시로, 성별이 남성인 직장상사에게 '여성은 일이 서툴다'라는 고정관념이 있다. 여성 A, 신입사원 여성 B 모두 업무 수행력이 뛰어난 사람들이 이 부서로 오게 되었다. 과연 '신념'이 바뀌고 이들의 우수한 능력을 다시 바라보게 될까.

A도, B도 '커리어 우먼'이라는 예외로 분류될 뿐, 일반 여성을 대하는 고정관념은 그대로일 가능성이 있다.

슬슬 눈치챘을까. 우리는 아무렇지도 않게 '커리어 우먼'이라는 표현을 쓴다. 지금도 설명하면서 이 표현을 썼다. 이것이 바로 여성 집단의 '서브타이핑'이다.

'고정관념 내용 모델'로 집단 위치 정하기

외집단을 바라보는 관점이 '고정관념' 유지에 영향을 미칠 가능성이 있다. 이와 관련된 **'고정관념 내용 모델'**(Fiske et al., 2002)

을 살펴보자.

타인을 바라보는 관점과 관련해 성격을 표현한 단어(특성어)를 분석·검토한 연구에서 '사회적으로 좋고 나쁨'과 '지적으로 좋고 나쁨'이라는 두 가지 차원을 발견했다(Rosenberg et al., 1968). 연구에 나온 몇 가지 특성을 소개하겠다.

'사회적으로 좋고 나쁨'의 긍정적인 틀에는 '성실한', '사교적인', '따뜻한'이라는 단어가 있고, 부정적인 틀에는 '정직하지 못한', '사교성이 없는', '냉정한' 등의 단어가 양극단에 있다. 또한 '지적으로 좋고 나쁨'의 긍정적인 틀에는 '과학적인', '의연한', '근면한'이 있고, 부정적인 틀에는 '어리석은', '경박한', '이해력이 없는' 등의 단어가 양극단에 위치하고 있다.

즉, 사람 됨됨이가 좋은지 나쁜지, 능력이 뛰어난지 부족한지를 근거로 타인을 바라본다는 이야기다. 우리는 타인을 설명할 때 'A는 착해'라든가 'B는 머리가 좋아'와 같은 표현을 많이 쓰고 있지 않은가.

'집단'을 바라볼 때도 이러한 차원을 깔아두고 보는 것이다. 다양한 집단의 이미지를 분석하고 검토한 연구에서 고정관념이 '온화함'과 '유능함'이라는 두 가지 차원으로 파악된다고 한다. '고정관념 내용 모델'은 이 두 가지 차원으로 고정관념을 설명했다.

이 모델에 따르면 **집단 간 지위나 경쟁이 타집단을 어떤 차원에 위치시킬지 결정한다**고 한다.

내가 속한 집단보다 낮은 위치에 두지만, 경쟁 집단이 아니라면(예를 들면, 고령자) '온화하지만 능력은 부족하다'라는 고정관념이 생긴다. 반대로 내가 속한 집단보다 위치가 높은 데다 경쟁 집단이라면(예를 들면, 고학력자) '능력은 있는데 냉정하다'라는 고정관념이 생긴다.

이처럼 하나의 틀에서는 긍정하면서도 또 다른 틀에서는 다른 집단을 낮춘다. 이는 **양가적**[ambivalence] **고정관념**이다.

'냉정하고 능력이 부족하다'처럼 양쪽 차원이 모두 낮은 집단도 있다(예를 들면, 가난한 사람). 또한 '유능하고 온화하다'처럼 양쪽 차원이 모두 높은 집단도 있다. 내가 속한 집단인 '내집단'이 여기에 위치하게 된다.

'내집단'을 바람직한 집단에 위치시키면 그 집단의 구성원인 나도 바람직한 존재임을 의미하게 된다. PART 3에서 말했듯이 인간은 자신을 긍정적으로 보는 동기부여가 있다. '내집단'을 바람직한 집단으로 보는 것은 이 동기를 충족시켜 준다.

이러한 고정관념은 편견이 섞인 감정과도 관련 있다. '냉정하고 능력이 부족하다'는 경멸과 '온화하고 유능하다'는 칭찬이 뒤섞였다. '온화하지만 능력은 부족한' 집단은 안쓰럽게 느껴지고, '능력은 있는데 냉정한' 집단은 시샘하는 양면 가치적인 사고방식이다.

이때, 안쓰럽거나 시샘하는 감정에는 긍정과 부정이 동시에 있으니 조심해야 한다.

동정 섞인 안쓰럽다는 감정은 상대 집단이 내가 속한 집단보다 뒤떨어진다는 인식하고 있다는 이야기다. 이 집단의 존재는 우리들에게 안전하기 때문에 때에 따라 그들을 두둔하는 행동을 취한다.

반면, 시샘하는 감정은 그 집단의 특출난 특징을 동경하는 동시에 원망한다. 능력이 뛰어난 집단은 우리에게 위협적인 존재이기 때문에 우리는 공격적인 태도를 내비칠 수도 있다. 편견 섞인 감정으로 차별하는 행동은 뒤에서 자세히 설명하겠다.

집단의 위치 정하기에서 일어나는 '양가적 성차별'

'고정관념 내용 모델'은 타집단이 양면 가치적인 위치에 있다고 했다. 대다수의 고정관념은 이 패턴이며, 온화함과 유능함의 차원 중 한쪽은 높고 한쪽은 낮아진다고 한다. 이는 **'양가적 성차별'**(Glick & Fiske, 1996)과 관련된 사고방식이다. 이 주제를 다룬 연구를 함께 보자.

연구에 따르면 여성 성차별에는 '적대적 성차별주의[hostile sexism]'와 '온정적 성차별주의[benevolent sexism]'가 있다.

적대적 성차별주의는 남성우위 사회에서 능력을 발휘하는 여성(이른바 커리어 우먼)과 같은 비전통적인 여성이 차별 대상이 된다. 여성의 유능함을 인정할 수밖에 없어서 온화함이 부족하다는 관점이다.

예를 들어, 능력 있는 여성 A에게 '누가 봐도 일을 잘하지만 팀원의 기분은 나 몰라라 한다' 등의 평가가 그러하다. 이러한 인상은 A의 승진을 가로막는다.

온정적 성차별주의는 기존의 성차별 범주에 머물던 집안의 여성(이른바 전업주부)과 같은 전통적 여성이 차별 대상이다. 여성의 온화함은 인정하지만 능력은 부족하다고 평가한다.

온정적 성차별주의는 언뜻 좋게 들린다. '여성 B는 온순하다'라는 인상이 생기기 때문이다. 때때로 상대의 협조를 이끌어 내기도 한다. 'B한테 이 일은 어려워 보이니까 내가 대신 해줄게'라는 생각이 들게 한다. 협조는 상대를 위한 긍정적 행동(친사회적 행동) 중 하나로 B 역시 고맙게 여기기도 한다.

그러나 온정적 성차별주의에서도 짚고 넘어가야 할 문제점은 있다. 예를 들어, 부하직원이 모두 같은 업무를 맡고 있는 상황에서, 남성 직원은 성으로 부르고 여성 직원 C는 이름으로 부르거나(일본에서는 친밀한 상대일 경우에만 이름을 부른다.-옮긴이) 외모에 대해 한마디씩 던진다. 주변에서는 여성 직원 C의 업무 처리가 능숙하지 못하다는 인상을 받게 된다. 이 경우도 C의 승진에 장애물로 작용한다.

'체계 정당화 동기'가 고정관념 유지에 미치는 영향

지금 설명한 상황들은 평소에도 종종 목격된다.

예를 들어, 관리직에 종사하는 일본 여성의 비율은 주요 국가들 사이에서 낮은 편이다. 고용 기회 균등법이 시행된 지 40년도 채 되지 않았고, 현재의 경영진 중에는 법률이 시행되기 전에 입사한 사람도 많다. 변하는 데 시간이 걸리는 것이 여성 리더 채용이 더딘 이유 중 하나로 보인다.

다만, '사회 체계를 정당화하는 동기'도 현 상황을 유지시키는 데 영향을 미칠 가능성이 있다. 지금부터 하려는 이야기가 오히려 심적 요인으로 작용해 변화를 가로막지 않을까 걱정이다.

'체계 정당화 동기'란 사회 체계를 수용하거나 지지하는 동기를 말한다(Jost et al., 2012). 이 이론에 따르면 집단을 향한 고정관념이 체계를 정당화하는 역할을 한다고 한다(Jost & Banaji, 1994).

게다가 사회 체계에서 낮은 위치에 있는 집단 구성원이 오히려 기존 체계의 공평성과 정당성을 수용하는 경우가 있다. 그 이유로 '불협화 저감형 메커니즘'을 언급했다.

'지위가 낮은 집단'의 구성원은 사회 체계에서 어떤 불이익을 받을지 알면서도 자신들이 체제 안정화에 기여한다고 생각한다. 이 두 가지 인지가 일으키는 불협화를 완화하기 위해 현재

상황을 지지한다(Jost et al., 2003).

방금 전 설명한 '양가적 고정관념'을 잠시 떠올려보자. '온
화한데 능력은 부족하다'고 간주되는 집단은 자신들의 고정
관념을 받아들인다. 그러면서 유능한 집단에게 보호받는 존
재가 된다. 이를 반기는 구성원도 분명 있다. 이것이 고정관념
과 사회적 체계를 유지시킨다.

'편향 지도'가 나타내는 집단을 향한 편견과 행동

'고정관념 내용 모델'에서는 집단의 고정관념과 편견 섞인 감
정은 같이 움직인다고 설명했다. 이 모델을 발전시킨 이론이
'편향 지도 Behaviors from Intergroup Affect and Stereotypes: BIAS map**'**다(Cuddy et al.,
2007).

이 이론에 따르면 고정관념이나 편견 섞인 감정이 그 집단
에 대한 행동을 유발한다고 한다. 온화함의 차원은 지원, 위
협 등 적극적인 행동을 일으킨다. 유능함의 차원은 무시, 연
맹 등 소극적인 행동을 일으킨다(다음 페이지의 그림 6).

편향 지도 이론에서는 다음과 같이 집단의 위치로 행동을

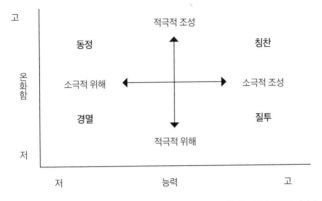

(Cuddy et al., 2007 참고해 작성)

[그림 6] '편향 지도'의 개념 그림

설명했다.

'온화하고 유능한' 집단을 칭찬하면 협력이나 접촉으로 이어진다. '냉정하고 능력이 부족한' 집단을 경멸하면 배제와 무시가 된다. '온화하지만 능력이 부족한' 집단에 느끼는 안타까운 감정은 그 집단 구성원을 적극적으로 지지하거나 아예 소극적 회피로 이어질 수도 있다. 그리고 '유능하지만 냉정한' 집단을 시기하는 감정은 소극적인 협조로 이어지는 반면 적대적 행동은 적극적으로 일어날 수도 있다.

지금까지의 설명을 정리해보자. '고정관념 내용 모델'이나 '편향 지도'는 인간이 '그 사람들'의 인상을 어떻게 파악하고 어떤 감정으로 행동하는지 보여준다.

인간은 다른 집단에게 편견 가득한 감정을 노골적으로 드러내거나 차별하는 행동을 피한다. 왜냐하면 노골적인 편견이나 차별이 비난의 대상이라는 것을 알기 때문이다. 그 대신 **은밀한 방법으로 다른 집단을 내가 속한 집단에 미치지 못한다고 규정하고 편견이나 차별의 대상으로 삼는다.** 이러한 '양가적 고정관념'은 다른 인종과 접촉하기를 피하거나(Gaertner & Dovidio, 1986), 연령에 따른 차별이나 성차별로 이어진다.

'체계 정당화 이론'은 격차가 벌어지는 사회 체제가 변하지 않는 이유와 고정관념이 유지되는 과정을 설명한다. 이처럼 정당화 동기는 '그 사람들'의 인상이 바뀌는 것을 막는다. 동시에 '우리' 자신에게 인상이 유지되도록 한다.

'양가적 성차별' 이론은 원래 남성이 여성을 차별하는 문제를 다룬 연구였는데, 이보다 더 큰 문제를 발견했다. 여성의 남성 차별과 동성 차별이다. 최근에는 가정적인 남성(이른바 전업주부)이나 육아 휴직을 사용하는 남성처럼 가사와 육아를 남성이 담당하는 경우도 있다. 그러나 '남성은 사회에서 일하는 자'라는 기존의 성역할이 변화를 가로막는다.

능력이 출중한 집단 구성원에게 가지는 질투는 동성 사이에서도 일어난다. 자칫 상대의 발목을 잡는다거나 나쁜 소문을 흘리고 다니는 등 동성을 공격적으로 대할지도 모른다. 예전부터 성적 지향이나 성 정체성 차별도 주시해야 할 문제다.

'집단 범주'에 대한 고정관념 때문에 당신 역시 편견이나 차별이 일어날까 걱정할지도 모른다. 어쩌면 자신은 편견도 없고 차별조차 해본 적이 없다고 생각할 수도 있다.

어느 쪽이든 정말로 당신이 생각이 맞는지 알고 싶다면 PART 3에서 설명한 '내재적 연관 검사'를 해보길 바란다. 내재적, 즉 자각 없이 특정 집단에 어떤 태도를 가지고 있는지 시험해볼 수 있다. 여기서 언급한 연령, 성별, 경력, 성적 지향에 관한 과제도 준비되어 있다(2021년 10월 현재).

CHAPTER 12

당신은 '저 사람들'을
어떻게 설명할까

다른 사람도 분명 그렇게 생각한다
— '고정관념'의 공유

'고정관념'은 특정 집단의 구성원과 속성을 연결하는 인지로 '나는 이렇게 생각한다'에서 끝나지 않고 '다른 사람도 그렇게 생각할 거야'라는 관점도 포함된다.

예를 들어, '스포츠팀 리더는 외향적'이라고 인지했다면 내가 소속된 집단의 구성원과도 공유되고 있다고 생각한다. 공유에 대한 지각이 높을수록 특정 집단에게 고정관념이 생긴다. 이를 검증한 연구(Haslam et al., 1996)가 있다.

연구는 호주 대학생을 대상으로 진행되었다. 단어 84개 리스트에서 호주인(자집단 조건)과 미국인(타집단 조건)의 전형적인 특징을 묘사한 단어 5개를 고르도록 했다.

호주 대학생들이 건네받은 단어 84개 중에 호주인의 특징과 관련된 단어 5개(예를 들어, '정직한') 혹은 미국인의 특징과 관련된 단어 5개(예를 들어, '국가주의적')가 눈에 띄도록 대문자로 표기해놓았다. 대문자로 표기한 단어 5개에는 다음과 같은 설명을 첨부했다. 이전에 실시한 조사에서 참가자와 같은 대학교를 다닌 학생 중 편견이 없는 사람들(내집단)이나 외집단에 편견이 있는 사람(외집단)들이 호주인과 미국인의 특징이라고 생각한 단어라고 적혀 있었다.

참가자들은 조건대로 단어 5개를 골랐고, 그 집단에 해당 단어의 특징과 부합하는 사람들이 얼마나 있는지 비율을 예상했다. 다시 설명하자면, 자집단 조건에서는 84개 단어 중 호주인 특징이라고 생각하는 단어 5개를 고른 후 그 특징에 맞는 호주인의 비율을 대답했다. 타집단 조건에서는 84개 단어 중 미국인 특징을 나타내는 단어 5개를 고른 후 그 특징에 맞는 미국인의 비율을 대답했다.

다음은 연구 결과의 일부다. 참가자 자신의 집단, 즉 호주인의 특징을 묘사한 단어에 대해 참가자의 대답을 분석한 결과, '외집단 사람들이 호주인 특징으로 고른 단어'라는 말을 들었을 때, 그 단어는 적게 선택되었다. 또 이 특징을 가진 호주인의 비율도 낮다고 대답했다.

즉, 외집단 구성원이 고정관념을 가지고 자신들을 바라본다는 생각에 반발심이 들어 야기된 행동으로 보인다.

미국인의 특징을 묘사한 단어에 대해 참가자의 대답을 분석한 결과, '같은 대학교 학생(내집단)이 골랐다'는 사실을 알았을 때 동일한 단어를 선택한 경우가 많았다. 이 특징을 지닌 미국인의 비율도 높다고 대답했다.

즉, 내집단 구성원이 어떤 고정관념을 가지고 있다고 알게되자 미국인에 대한 고정관념이 강하게 표출되었다. 공유를 지각함으로써 고정관념이 촉진되었다고 본다.

회사 면접관 A는 '스포츠팀 리더는 외향적'이라는 '신념'이 있다. 어느 날 A는 대화하던 도중 동료 B와 C도 '스포츠팀 리더'에 대해 똑같이 생각한다는 것을 알게 되었다. 그러면 A는 자신의 '신념'에 한층 더 확신을 가진다.

내집단 구성원인 직장동료와 같은 고정관념이 공유된다고 지각하면 '스포츠팀 리더'라는 범주에 대한 고정관념은 강해진다. 면접 보러 온 D가 '스포츠팀 리더'였음을 알고 나면 'D는 분명 외향적인 사람'이라고 믿게 된다.

'신념'은 어떻게 공유되는가

'공유된 현실'로 신념은 강해지고 동료와는 끈끈해진다

'고정관념'이란 인간이 타인(특히, 내집단 구성원)과 공유하는(혹은 공유한다고 생각하는) '신념'이다. 따라서 '공유된 현실shared reality' 중 하나로 볼 수도 있다.

PART 2에서 '타인과 동일한 경험을 한다고 생각하는 것'에 대해 설명했다. '공유된 현실'로 인해 세상을 이해하는 관점에 신뢰가 생기고 이를 타당하다고 생각한다(Hardin & Higgins, 1996). 그리고 **타인과 연결되었다고 느낀다**(Echterhoff & Higgins, 2018). 전자는 '**동기 부여된 인지**motivated cognition', 후자는 '**동기 부여된 연결** motivated connection'(Echterhoff & Higgins, 2021)이다.

두 가지는 서로 영향을 미친다. 첫 번째는 '동기 부여된 인지'에서 '동기 부여된 연결'로 넘어가는 영향 과정이다. 타인과 함께 세상의 진실을 경험한다는 것은 곧 '동기 부여된 인지'를 갖는다는 의미로, '**동기 부여된 연결**'이 성립되면서 타인과 **친밀한 경험을 쌓는다**(Ecterhoff & Higgins, 2021, p.186).

면접관 A는 직장동료가 나와 마찬가지로 '스포츠팀 리더는 외향적'이라고 생각한다는 것을 알게 되면, 결속력과 친밀감이 생긴다.

두 번째는 '동기 부여된 연결'에서 '동기 부여된 인지'로 넘어가는 영향 과정이다. 세상에서 겪은 경험을 타인에게도 구축하는 일로 **나의 경험을 공유함으로써 '동기 부여된 연결'이 생기고 주관적 경험을 객관적 경험으로 전환한다. 경험은 진실이 되고 '동기 부여된 인지'가 성립된다**(Echterhoff & Higgins, 2021, p.186).

D는 '스포츠팀 리더'를 했던 사람으로 면접장에서 '외향적'으로 보이도록 노력했다. 다른 면접관 E가 '역시 A 씨가 생각한 대로였네요'라고 말하자 A는 '신념'에 대한 확신을 더욱 굳혔다.

'고정관념에 일치하는 정보'는 사람들 입에 자주 오른다

인간은 타인과 '현실'을 공유하면서 결속을 다진다. 동시에 타인과 결속을 다지면 '현실'이 공유된다. 이 상호작용은 대화를 통해 이루어진다.

'고정관념'도 '공유된 현실' 중 하나로 간주한다고 설명했다. 사실 '고정관념'에 관련된 대화는 타인과 연결될 때 중요한 역할로 작용한다. 인간은 '고정관념'에 일치하는 정보로 대화를 나눌 때 상대와 관계를 쌓는다.

두 사람의 대화에서 제삼자의 고정관념과 일치하는 정보가 불일치하는 정보보다 더 자주 언급된다. 이를 '고정관념 일치 편향'이라고 한다(Clark & Kashima, 2007). 제삼자의 고정관념과 일치하는 정보로 나누는 대화 속에는 서로의 유사성, 호의 전달, 두 사람 사이에 공유 기반^{common ground}이 있다는 것을 보여준다. 이를 검증한 연구(Clark & Kashima, 2007)는 다음과 같다.

첫 실험에서 참가자는 젊은 남성에 관한 글을 읽었다. 글에는 '남성 고정관념'과 일치하는 정보, 불일치하는 정보 그리고 고정관념과 무관한 정보가 적혀 있다. 예를 들어, 이 남성의 직업이 미식축구 선수 혹은 작가라고 밝혔다. 미식축구 선수의 고정관념은 '남성 고정관념'과 일치하지만, 작가의 고정관념은 '남성 고정관념'과 일치하지 않는다.

참가자들은 '같은 대학교 학생(전달 상대)에게 글 속 정보에 대해 어디까지 알리고 싶은가'라는 질문을 받았다. 그리고 '정보를 알리면 상대와 연결되는 데 얼마나 도움이 될까' 등 연결에 관한 항목이나 '전달 상대가 목표 대상을 알아가는 데 얼마나 도움이 될까' 등 정보 가치에 관한 항목에서도 대답을 받았다.

결과를 분석해 보았더니 목표 대상의 고정관념에 일치하는 정보는 커뮤니케이션 상대와 결속력으로 연결된다고 여겼다.

반면, 이러한 정보는 목표 대상에 관한 정보적 가치는 낮다고 여겼다.

이 결과는 인간이 커뮤니케이션의 전달 상대 중에서도 특히 내집단 구성원과 관계성을 구축하기 위해 제삼자의 고정관념을 언급할 가능성을 시사한다. 이는 '고정관념'의 존재가 두 사람의 거리를 좁힌다고 생각했기 때문일지도 모른다.

예를 들어, A는 다른 부서에 있는 입사 동기 C에게 직장상사 B에 대한 이야기를 할 때, B의 고정관념에 관련된 정보(분주하게 일하는 '커리어 우먼'이고 부하직원에게 '엄격하다' 등)를 꺼낼 것이다. 그러면 C와의 대화가 무르익을 것이다.

방금 전 연구(Clark & Kashima, 2007)는 아직 끝나지 않았다. 이번 실험은 받아들인 정보를 그다음 사람에게 전달하는 형태(연쇄 재생법)로 진행된다. 언어 게임처럼 커뮤니케이션·체인을 만들었기 때문이다.

체인의 1번 참가자에게 목표 대상인 젊은 남성에 관한 글을 보여준 뒤, 2번 참가자에게 글과 관련해 전달할 메시지를 적도록 요청했다. 2번 참가자부터 다음 참가자에게 전달할 메시지를 적은 뒤 4번 참가자에게까지 전달했다. 그때, 내집단 안에서 목표 대상의 직업 고정관념을 공유하는 사람이 많거나(공유 정도가 높은 조건), 적다고(공유 정도가 낮은 조건) 전달함으로써 공유 지각의 정도를 조작했다.

참가자가 적은 메시지 내용을 분석한 결과, 공유도가 높은 조건에서는 고정관념과 일치하는 정보가 불일치하는 정보보다 더 많이 적혀 있었다. 즉, 메시지 전달 상대와 고정관념을 공유한다는 생각이 들면 고정관념이 담긴 메시지가 전달된다. 이러한 정보 전달이 사회적 연결 기능을 수행한다.

방금 전 예시를 떠올려보자. A로부터 직장상사 B에 대한 이야기를 들은 입사 동기 C는 다른 동기 D에게 이야기를 전달할 때, B에 대한 고정관념(A에 따르면 '커리어 우먼이고 부하직원에게 엄격해')과 일치하는 정보가 불일치하는 정보보다 이야기에 등장할 가능성이 높아진다. 그러면 A의 동기들 사이에서는 커리어 우먼의 이미지는 점점 굳어지는 한편 동기들의 연결은 단단해진다.

지금까지 '내집단 구성원'에 관한 내집단 구성원끼리의 커뮤니케이션이 내집단의 인간관계에 영향을 미친다는 사실을 설명했다. 이러한 내집단 구성원의 커뮤니케이션은 외집단에 대한 부정적인 태도에도 영향을 미친다.

원래 관계가 잘 형성되어 있지 않은 특정 집단이 있다고 쳐 보자. 그 구성원과의 접촉이 예상되는 상황에서 내집단 구 성원끼리 이야기한 것에 대한 영향을 검증한 연구가 있다 (Greijdanus et al., 2015).

연구 대상은 대학생인데 대학생 집단과 실제로 경쟁(대립) 에 놓인 대학 인근 주민들을 외집단으로 설정했다. 대학생끼 리 주민 집단에 대한 이야기를 나누니 주민 집단을 부정적으 로 보는 시선이 공유되었고, 적의를 띠는 감정도 지각하게 되 었다. 또한, 주민 집단이 자신의 집단을 부정적으로 본다고 생각하게 되었다. 게다가 내집단을 동일시하는 정도도 강해 졌다.

경쟁 집단과 만나기 전에 상대에 대한 이야기를 나누면, 그 집단에 대해 부정적인 태도를 서로 확인하게 된다. 내집단과 외집단의 간극이 더욱 크게 지각되어 결과적으로 집단 간 경쟁이 더욱 치열해진다.

예를 들어, 조직에서 부서끼리 경쟁 심리가 흐를 때, 내가 속한 부서에서 나오는 말들은 상대 부서에 대한 적의를 재인지하는 길일지도 모른다. 결국 대립이 해소되거나 합의를 형성하기가 더욱 어렵게 된다.

'고정관념과 일치하지 않는 정보'도 중요할 때가 있다

마지막으로 '고정관념 일치 편향'이 보이지 않는 경우도 있다 (Karasawa et al., 2007).

연구에서는 내집단 구성원끼리 대화를 나눌 때 외집단 목표 대상의 인상을 정확하게 판단하도록 요구했다. 그 결과, '고정관념 일치 편향'은 인정되지 않았으며 오히려 대화에서는 불일치하는 정보가 많이 언급되었다. 내집단이 목표 대상을 검증한 경우에는 대화에서 일치하는 정보가 많이 언급되었다.

외집단 구성원에 대해 정확한 판단이 필요할 때, 인간은 '고정관념 불일치 정보'를 눈여겨보거나 그 의미와 이유를 검증하게 된다. 불일치 정보가 일치 정보보다 정보적 가치가 높기 때문이다.

특히 외집단과 대립 관계에 놓여 있거나 외집단 구성원과 자주 비교당할 때 이러한 '고정관념 불일치 정보'의 치우침이 커진다. 불일치 정보는 상대 집단이 지금까지의 이미지를 배신하고 '자신들'의 지위를 위협하는 존재로 점점 변해가는 징조일지도 모르기 때문이다.

그 예로, 영업기획부 사원이 '자신들'은 창조성이 넘치고 조직에 이익을 가져다주는데, 경리 같은 간접부서에 있는 '저 사람들'은 주어진 일만 충실하게 할 뿐이라는 생각을 가지고 있다고 해보자. 두 부서는 경비의 사용처 등 때문에 종종 대립이 발생한다.

어느 날, 신규 사업 아이디어 공모전이 열렸는데, 간접부서의 사원과 팀에서 낸 여러 가지 우수한 계획이 입상했다.

이는 '저 사람들'이라는 고정관념에 불일치 정보가 된다. 지금까지 우위에 있다고 생각했는데 상층부는 그렇게 생각하지 않을 가능성도 있다. 영업기획부 사원은 불안해지면서 '고정관념 불일치 정보'에 대해 같은 부서 동료와 이야기를 나눌 것이다. 그리고 '우리도 아이디어를 내지 않으면 큰일 나겠어'라며 초조해지거나, '저 사람들'이 제출한 계획에서 흠을 찾아내려고 할지도 모른다.

이런 점을 살펴보면 '외집단 구성원의 고정관념'의 일치 정보와 불일치 정보는 내집단의 커뮤니케이션에서 다른 역할을 수행하는 것을 알 수 있다.

일치 정보는 자신의 지식이나 사고방식을 공유한다는 사실을 확인시키고 서로의 관계성을 강화한다. 또한, 자신들과 '저 사람들'의 차이점을 부각시킨다.

반면, 불일치 정보는 '저 사람들'에 대해 곰곰이 생각해보고, 만약 필요하다면 '저 사람들'의 변화에 대항할 준비를 하게끔 한다.

지금까지 '집단에 대한 고정관념'이 형성되고 유지되는 과정을 살펴보았다. 인간이 타인을 '범주화'하거나 '눈에 띄는 집단'과 '눈에 띄는 특징'을 묶는 것은 마음의 '인지적 작용'이다. 다만, 여기에 '자신들'의 집단을 다른 집단보다 우위에 두려는 '동기'가 더해지면 편견이나 차별이 일어난다.

집단의 우위 관계에 변화가 일어나지 않는 이유는 인간이 다른 집단에게 양가적인 감정을 지니는데다, 자신들에게 향하는 감정을 긍정하고 세상이 균형 잡혀 있다고 생각하기 때문일 수도 있다.

'고정관념'은 타인과의 커뮤니케이션을 통해 강해지고 유지된다. 다른 집단에 갖는 '고정관념'이 자신의 동료와도 공유된다고 지각하면 인간은 더욱 '신념'을 강화한다. '고정관념'에 관한 정보를 서로 이야기함으로써 동료와의 결속력도 깊어진다.

이처럼 **인간이 특정 집단에 품는 인상은 '우리들'과 '저 사람들'이라는 관계를 만들어낸다. 그리고 '우리들'을 더욱 결속시키는 동시에 '저 사람들'과의 거리감을 지각하게 한다.**

PART 5

'그 인상'으로 남아도
정말 괜찮을까

CHAPTER 13

편향은 '인상'에 어떤 영향을 미칠까

'사고의 습관'이 인간에게 가져다준 것

'타인', '나' 그리고 '집단'에 대한 판단을 내릴 때 '사고의 습관(편향)'이 일어난다고 앞서 설명했다. 다양한 예시도 함께 살펴보았다. 중요한 내용을 다시 되짚어보자.

'확증 편향'의 영향으로 '타인'의 인상이 결정될 때가 있다. 대다수는 내가 예상했던 상대의 모습과 근접한 정보를 수집한다. 그리고 예상과 일치하는 정보는 기억한다. 새로운 정보가 주어져도 이미 예상했던 모습과 근접하게 해석한다. 즉, 상대의 인상을 결정할 때 한쪽으로 치우쳐진 정보가 이용된다. 심지어 상대의 행동도 이런 정보로 예측한다.

'타인의 생각'을 이해하고자 할 때 다음 두 가지 방법 중 하나를 사용하기 쉽다. 상대와 내가 비슷하다는 생각이 들면 나의 사고방식을 투영한다. 반대로 비슷한 구석이 하나도 없다면 상대가 속한 범주의 이미지로 판단한다. 이처럼 상대와 내가 비슷한지 아닌지에 따라 판단하는 방법도 달라지는 것이다.

어떤 사람에게 호감이 생겼을 때 그 사람이 나와 비슷한 사람인 경우가 있다. 상대방을 다른 사람에게 이야기할 때 상대방을 어떻게 생각하는지에 따라 전달하는 방법도 달라진다. 마음에 드는 상대가 바람직한 행동을 했다면 원래 그런 행동을 할 만한 성격이라고 말한다. 평소에도 늘 하던 행동임을 강조해 상대의 좋은 인상을 같이 공유하려는 것이다.

내가 '나'를 어떻게 파악했는가도 타인의 판단에 영향을 준다. 내가 가진 이미지의 차원에 맞추어 타인을 이해하려고 노력하기 때문이다. 인간은 기본적으로 자신을 높이 평가하고 싶어 하며, 자기평가가 낮아지지 않도록 '중요한 타인'과 거리를 두거나 상대와 비교했을 때 내가 못했던 일은 다시 하지 않으려고 한다. 그 일을 대수롭지 않게 여기는 내가 되는 것이기 때문에 자신을 바라보는 관점이 바뀐다고 볼 수 있다.

이처럼 상황에 따라 '자아'를 다르게 파악한다. '다른 사람이 나를 이렇게 봐주었으면' 하는 모습대로 연기하다 보면 실제로 그 모습대로 변하기도 한다.

그 밖에도 '다른 사람에게 어떻게 보일까'에 관한 '편향'이 있다. 인간은 나 자신에게 신경이 쏠려 있기 때문에 어떤 사건의 원인이 나 때문이라고 착각하거나, 나의 행동이 주변의 이목을 끌었을 거라고 확대해석하기도 한다.

이처럼 타인의 인상과 상황 판단에 '자아'가 큰 영향을 끼치는 가운데, '중요한 타인'도 이에 관여한다. 그렇기 때문에 '중요한 타인'을 떠올리면 나에 대한 이미지도 달라진다.

인간은 자기 자신을 전부 이해할 수 없다. 내가 왜 그런 생각을 했는지 이유를 설명하려 하면 태도와 행동이 일치하지 않게 된다. 내가 나를 가장 잘 안다는 말도 한낱 착각에 지나지 않는다.

'내가 소속된 집단(우리)'과 '내가 소속되지 않은 집단(저 사람들)'으로 구분해 범주화하기 때문에, 그 범주 안에 있는 사람들은 서로 비슷하게 보이고 다른 범주끼리의 차이점은 더 크게 인지한다. 이때 다양한 '사고의 습관'이 일어난다.

내가 어떤 집단의 구성원으로 받아들여지면 그 집단을 편들게 된다. 반면, 같은 집단일지라도 앞길을 막는 구성원은 부정적으로 바라본다. 같은 집단이어도 엄격한 잣대를 들이밀기도 한다.

이처럼 내가 소속된 집단을 바라볼 때도, 다른 집단을 바라볼 때도 '사고의 습관'이 일어난다. '집단 범주에 대한 고정관념'을 이용하는 것이다.

특히, 다른 집단의 특성 중 '온화함'과 '능력' 중 하나가 낮다고 판단되면 세상은 공평하다고 생각하는 경향이 있다. 이는 결국 다른 집단에 대한 차별로 이어진다.

내가 소속된 집단의 구성원이 동일 고정관념에 대한 신념이 있다는 것을 알게 되면 그 신념은 더욱 강력해진다. 또한, 상대방과 나의 동일한 고정관념에 부합한 타인의 정보를 전달할 때 서로의 결속력이 단단해진다고 느낀다. '신념'의 공유와 결속력은 서로에게 영향을 준다.

'사고의 습관'으로 생기는 나쁜 점과 좋은 점

이렇게 설명하고 보니 '사고의 습관'은 정말로 광범위하게 뻗어 있다.

어쩌면 '나', '타인' 그리고 '집단 속 사람들'에게 왜곡된 인상을 가졌던 건 아닐지 걱정도 된다. 나를 긍정적으로 봐주길 원한다면 더 많이 노력해 목표를 성취해야 했다. 그런데 그 중요성을 낮게 인지해 도전을 주저했다면 그때의 결정을 후회할지도 모른다.

또한, 다른 사람이나 다른 집단이 마음에 들지 않거나 부정적인 느낌이 들어서 거리를 둔 적이 있다면 그때의 판단을 반성했으면 한다.

왜곡된 판단은 적절하지 못한 행동을 유발한다. 목표했던 일을 너무도 빨리 포기하거나, 차별 혹은 집단 간 대립 등 바람직하지 않은 결과가 '사고의 습관'으로 인해 일어날 가능성이 있다.

일부 '사고의 습관'은 인간이 상황이나 사회에 적응하는 데 유용하다. **타인에 대한 수많은 정보 중 단서를 발견해 신속하게 판단**

을 내리는 것이 때로는 중요하기 때문이다.

예를 들어, 회사 출퇴근길에 이상한 낌새를 보이는 사람이 나를 향해 걸어온다고 상상해보자. 우리는 그 사람을 '수상쩍은 사람'이라는 범주에 넣은 뒤 앞으로 일어날 법한 일을 순간적으로 예측한다. 그리고 급히 자리를 뜬다.

상대를 지각한 후 자리를 뜨기까지의 과정은 거의 무지각에 가까울지도 모른다. 도망간다는 행위는 정말로 위험한 사람을 마주할 때 적절한 대처법이다. 행색이 이상하다는 이유 하나만으로 '수상쩍은 사람'이라는 범주에 분류할 만한 지식이 없으면 이와 같은 행동은 나올 수 없다. 그리고 실은 이상한 사람이 아닐 수도 있다. 이상한지 아닌지 확인하려는 마음이 앞서 뚫어지게 관찰하다 위험한 상황에 처할 수도 있다.

'사고의 습관'이 좋게 작용할 때도 있다. 나에 대한 '긍정적 환상'(Taylor & Brown, 1988)은 **자신을 긍정적으로 여기게 된다.**

바람직한 '사고의 습관'에 대해서는 목표 설정과 목표를 향한 노력이라는 관점에서 설명했다(CHAPTER 7).

이러한 관점에서 '타인과의 관계성'을 이야기해 보았다. **자**

기 자신을 긍정적으로 여기면 심리적으로도 건강해질 뿐 아니라, 긍정적인 감정을 통해 타인과의 결속력도 단단해진다. 특히, 부정적인 피드백을 받은 상황, 예를 들어 힘든 일이 닥쳤을 때에도 타인의 도움을 받아 대처할 수 있게 된다.

여러 가지 문제가 발생하는 인생에서 '긍정적인 환상'은 적당히 필요하지 않을까. 객관적인 지표에 따라 나에 대한 정확한 관점을 가지려는 노력이 반드시 '좋다'고만은 할 수 없다.[4]

'사고의 습관' 덕분에 인간은 주어진 상황이나 사회에 적응할 수 있다. 자, 이제 '사고의 습관'을 마주하는 방법을 생각해 보자.

4　이 책에서는 언급하지 않았지만 자기 고양적 자아관에는 문화 차이가 있다는 논의도 있다(Heine et al, 1999).

CHAPTER 14

'사고의 습관'과 마주하는 방법

'사고의 습관'을 알고 있다는 사실이 중요한 이유

CHAPTER 1의 '이중 과정 이론' 모델을 떠올려보자. 타인의 인상을 처리하는 '자동적 과정'과 '통제적 과정'을 통합한 모델이었다. 상대의 범주에 기인해 신속하게 정보를 처리하는 방법과, 자주 떠오르는 생각에 동기를 부여해 신중하게 처리하는 방법이, 상황에 따라 적용된다는 내용이었다.

CHAPTER 2에서도 타인의 행동에서 특징을 추론하는 과정에 대해 '자동적 과정'과 '통제적 과정'을 상정한 모델을 소개했다. 상대가 어떤 의도로 행동했는지 인간은 재빠르게 파악한다(자동적 과정). 다만, 어떤 사람인지 정확하게 이해하려면 그 행동이 상황 때문인지 아닌지 따져본다. 그리고 행동의 원인이 상황에서 비롯되었다면, 처음에 내린 판단은 수정되기도 한다(통제적 과정).

'통제적 과정'에서 상황을 살핀 후 판단이 수정된다면 '신중하게 생각'하는 행위로도 충분히 '편향'의 영향력이 줄어들지 않을까. 그런데 '신중하게 생각'하는 행위에는 몇 가지 조건이 붙는다.

가장 먼저 나의 판단 과정에 **'편향'이 영향을 미쳤음을 자각**해야 한다. 자각을 했다면 이제 **'편향'의 영향을 수정할 동기 부여**가 필요하다. '편향'의 영향을 수정하려면 **'편향'의 영향이 가진 방향성과 크기를 자각**해야 한다. 한발 더 나아가 **판단을 조정하는 능력이 있고 그 능력을 쓸 수 있다면** '편향'의 영향력은 줄어든다 (Wilson & Brekke, 1994).

일련의 과정이 일어나려면 나의 '사고의 습관'을 미리 알아두어야 한다. 여유가 있다면 이쯤에서 다시 CHAPTER 1로 돌아가 처음에 나온 글을 다시 읽어보길 바란다(사장의 독백).

'아, 그거' 하고 단번에 떠올린 사람도 있겠고, 다시 읽고 나서야 '이거였군' 하는 사람도 있겠다. 어느 쪽이든 간에 처음 읽었을 때와 똑같이 해석하지는 않을 거라 본다.

왜냐하면 그 상황을 이미 상상해보았고, 어쩌면 그 순간에 자신의 '사고의 습관'을 알아차렸기 때문이다. 내가 어떤 상황에서 어떤 '편향'의 영향에 취약한지 알아두면 판단을 조정하는 데 도움이 된다.

이 책에서 여러 번 언급했던 예시인데, '스포츠팀 리더'라는 범주에 특정 이미지를 가지고 있다면 이를 인식해두자. 언젠간 면접관이 되었을 때 '스포츠팀 리더'를 해봤던 지원자를 만나면 지금을 떠올리길 바란다.

그러면 이미지를 확증하는 질문뿐 아니라 반증하는 질문도 던질 수 있다. 확증 정보에 치우치지 않고 평면적인 정보가 들어온다. 지원자의 답변에서 얻은 새로운 정보로 그 사람을 평가할 수 있다.

나의 '사고의 습관'을 인지하고 판단이 뒤틀리는 상황까지 상정해두어 실제로 그런 상황에 처했을 때 떠올리는 것이 중요하다.

'사고의 습관'은 현실에서 얼마나 문제를 일으키는가

'타인'에 대한 사고의 습관이 실제로 초래하는 것

앞에서 '편향'의 영향력을 줄이기 위한 방법을 알아보았다. 설명은 길게 했지만 실천은 꽤나 어렵다. 이 책에서 언급한 사회심리학 실험은 '편향'의 존재, 영향력의 크기, 그리고 견고함을 보여주었다.

이때, 실험에서 이용된 목표 대상의 정보나 시나리오는 일상에서 만나는 사람이나 실제로 겪는 경험을 완벽하게 재현해놓은 상황이 아님을 명심해야 한다. 연구 실험에서는 원활하게 진행하기 위해 참가자에게 '편향'이 일어나기 쉬운 단서를 주었을지도 모른다. 혹은 목표 대상을 깊게 생각할 필요도 없는 상황이었을지도 모른다.

지금부터는 '편향'을 일으키는 직감적인 방법이, 현실 사회에서 얼마나 문제인지 다시 한번 생각해보는 시간이다.

방금 전 예시처럼 출퇴근길에 마주친 누군가를 직감적으로 '수상쩍은 사람'이라고 간주하는 일은 실제로 그런 사람이 아니더라도 큰일이 아니다. 아무 일도 일어나지 않는다면 판단을 수정할 수 있는데다, 한 번만 마주친 거라면 기억에서 곧 증발할 사건에 지나지 않는다.

그러나 상대와 지속적으로 마주쳐야 하는 경우라면 어떨까. 신입사원이 부서에 배치되기를 기다리는 상황이라고 가정해보자.

대다수의 경우 인사팀에서 건네받은 신입사원의 정보는 예상만큼 상세하지는 않다. 팀장은 한정된 정보로 신입사원을 예측하고 팀원들과 함께 지원 체제를 마련해둔다. 학생 때 뭘 배웠고 어떤 활동을 했고 연수원에서 어땠는지, 고작 이런 정보만으로 판단할 수밖에 없다. 팀 배치 후 초반에는 신입사원 당사자한테서 직접 알아낸 정보조차 선입관과 일치하도록 해석할 수도 있다.

그러나 그 사람을 파악하기 위해 대화를 하고 동태를 살피다가 선입관과 일치하지 않는 정보가 들어오면, 비록 불일치하는 정보라 할지라도 이를 무시할 수는 없다. 교육팀의 이야기를 들으며 더 많은 정보를 얻어내 신입사원을 이해하려고 노력한다.

실제로 인간은 타인과 상호작용하는 동안 '첫인상과 다른' 모습을 발견한다. 만약 인간의 '확증 편향'이 견고하다면 **인상이 변하는 일**은 일어날 리 없다.

우리가 이해하려는 상대는 실제로도 계속 변한다. 관계가 지속되는 동안 변화를 포착하면 처음에 만났을 때와 **인상이 달라진다.**

새로 온 신입사원에게 '앳된' 인상을 받지만 얼마 안 가 '듬직한' 인상으로 변할 수도 있다.

타인을 인지하는 쪽에서도 다양한 경험을 통해 **정보를 수집하고 해석하는 방법을 바꾼다.** 예를 들어, 타인이 어떤 사람인지 판단할 때 예전이라면 나의 관점과 다른 의견은 별로 신경 쓰지 않았다면 지금은 여러 의견을 들을 수 있게 되었을 수도 있다.

신입사원에게 '적극적인 건 좋은데 일은 꼼꼼하게 하려나'라는 걱정이 들었다고 하자. 이럴 때 교육팀 사원에게 '준비성이 철저하다'라는 평가를 받았다는 걸 알게 되면 그 정보를 받아들인다.

또한, 타인의 어떤 행동을 예전과 **다른 관점**으로 바라볼 수도 있을 것이다. 예전이라면 '친한 척'한다고 생각했던 신입사원의 태도도 '사교성이 있다'고 보일지도 모른다.

이처럼 인지하는 쪽도 인지되는 쪽도 서로 변하기 때문에 어느 시점에 상대방의 인상에 다소 오류가 생겼다고 해도 걱정할 만큼 큰 문제는 일어나지 않는다. 실제로 우리들은 일상에서 수많은 사람들을 만나면서 그럭저럭 잘 살아간다.

'나'에 대한 사고의 습관이 초래하는 것

'나'에 관한 '사고의 습관'도 알아보자. 방금 전 인간은 '나' 자신을 긍정적으로 본다고 설명했다. 그 밖에도 나의 속마음이 타인에게 잘 읽힌다고 생각하는 '습관'도 있다(CHAPTER 9).
이미 설명한 연구에서처럼 본심을 감추고 싶은 순간 '사고의
습관' 때문에 당혹감과 수치심을 느낄 수도 있다.

살면서 타인에게 본심을 들키고 싶지 않은 순간이 얼마나
많을까. 상대가 상처받지 않도록 진실을 말하지 않을 때도 있
다. 그러나 숨기고 싶은 순간보다 **내가 지금 어떤 생각을 하고 어**
떤 감정인지 알아주었으면 하는 순간이 훨씬 많지 않을까.

만약 난감한 상황에 처하거나 괴로운 심정일 때 주위에 부
담을 주지 않으려고 표정이나 태도에 드러내지 않고 있다고
해보자. 그럼에도 누군가 알아봐 준다면 상대와 연결되어 있
다는 느낌이 든다.

나의 감정이 공유되었음을 인지하고 서로 이어졌다고 느껴
진다면, 이제는 상대방의 감정을 공유하려는 태도가 나올지
도 모른다.

'집단'에 대한 사고의 습관이 실제로 초래하는 것

'집단 간의 관계'에서는 어떨까. '집단'의 인상을 유지하기 위

한 '사고의 습관'은 분명 골칫거리다. '자신들'은 온화하고 능력도 뛰어난 데 반해 다른 집단은 온화함과 능력 중 하나는 부족하다고 생각함으로써 그 편견이 옳다고 인정한다. '집단에 대한 고정관념'도 유지된다(CHAPTER 11).

그러나 **타인과 대화하면서 '고정관념'도 바뀔 가능성**은 있다. 다음의 상황을 다시 떠올려보길 바란다.

인간은 대화를 나누는 상대의 태도에 맞추어 말하려는 내용을 조정하고, 말한 내용과 태도를 일치시키려 한다(CHAPTER 6). 또한, 내집단 구성원과 대화를 나눌 때 상대가 나와 같은 '고정관념'이 없다는 생각이 들면, '고정관념'에 관련된 언급을 자제한다(CHAPTER 12).

어떤 범주에 대한 '고정관념'을 가진 사람이 있다고 가정해보자. 마침 그 사람은 새로운 집단에 들어왔다. 얼마 안 되어 같은 '신념'을 가진 사람이 없다는 사실을 깨닫는다.

그러면 집단 내부 사람한테 해당 범주를 말할 때는 '고정관념'에 관한 이야기는 하지 않는 대신 무난한 대화를 주고받는다. 만약 '같은 집단 구성원'과 '공유된 현실'이 형성되면 나의 태도가 바뀔 가능성이 있다.

평생 단 하나의 사회 집단에만 소속되기란 현실 사회에서는 불가능하다. 사는 곳이 달라지거나 학교나 직장이 바뀌면서 새로운 집단에 소속되거나 동시에 여러 집단에 소속된 채로 살아간다. 어떤 집단에서는 '현실'이었지만 다른 집단에 가면 현실이 아닌 경우도 있다. 이러한 경험에 의해 **인간의 '신념'은 계속 변한다.**

또한, 어떤 범주에 대해 '고정관념'을 지닌 사람이 일상에서 그 범주의 구성원과 같은 집단에 소속되기도 한다. 예를 들어, 인종에 대한 '고정관념'을 가진 사람은 지역, 학교, 직장이라는 사회적 집단에서 그 범주의 구성원으로 상호작용하고 동일한 목표를 향해 협력한다.

실제로 접촉하다 보면 타인의 범주에 대한 인상이 변할지도 모른다. 게다가 조직이 통합되기라도 하면 나의 집단과 상대의 집단이 하나의 커다란 범주로 묶이기도 한다. 상위 목표가 생기면 '우리들'과 '저 사람들'의 구분과 차이는 옅어진다. 이처럼 **사회생활에서는 집단의 인상마저도 바뀌기 마련**이다.

인간은 폐쇄적인 집단 속에서 쭉 살아가지 않고 집단 간 이동을 경험한다. 또한 집단의 범주 자체도 변한다. 대인관계나 집단 사이의 관계는 앞으로 더욱 고정된 상태에서 유동적으로 변해갈 것이다.

이러한 사회 환경 변화를 다른 집단에 대한 인상이 바뀔 기회로 봐도 무방하다. 이때 바람직한 방향으로 변할지 아닐지는 우리에게 달려 있다.

'편향'은 옳지도 그르지도 않다

마지막으로 전하고 싶은 메시지가 있다. '사고의 습관'에서 일어나는 현상을 이 책에서는 '편향'이라고 표현했다. 연구자가 쓰는 용어라서 그대로 쓴 이유도 있다. 그러나 '편향'이 아니더라도 '효과'처럼 다른 표현을 사용해도 된다. 이 부분은 CHAPTER 2에도 나왔지만 재차 확인해주길 바란다.

'편향'에는 아무래도 부정적인 이미지가 따라오는데 그렇다고 반드시 부정적인 영향을 끼친다고는 말할 수 없다.

메시지가 하나 더 있다. 타인, 나, 그리고 집단이 가진 인상에는 '옳다' 혹은 '옳지 않다'는 말은 어울리지 않는다. 명쾌한 답은 없다. '사고의 습관' 때문에 '인상이 왜곡되다' 아니면 '판단이 흐려지다'라는 표현도 실은 적절치 않다.

'옳다'는 기준은 모두 제각각이다. 예를 들어, 내 주변 사람들의 신념과 일치한다면 '옳다'고 생각한다. 내가 소속된 집단에서 공유된 현실이기 때문이다. 그뿐만 아니라 이 신념으로 대상을 판단하면 인생이 편해진다. 과연 잘못되었다고 말할수 있을까. 따라서 '인상은 옳은 것인가'라고 스스로 질문을 던져봤자 의미가 없다.

우리가 할 수 있는 것은 나의 행동을 기준으로 상대에게 어떤 인상을 가지고 있는지 파악하고 왜 그런 인상을 가지게 되었는지 기억을 찬찬히 되짚는 일뿐이다. 이 과정을 밟다가 '사고의 습관'을 발견했다면 내가 타인, 나, 그리고 집단에게 가지고 있는 인상이 이대로도 '괜찮은가'를 따져보자.

끝내며

사회심리학을 배우기 전에 나는 '타인에 대해서도, 나에 대해서도 꽤 잘 아는 편'이라고 생각했다. 그러나 지금은 생각이 달라졌다.

사회심리학을 배우면서 인상이 형성될 때의 '사고의 습관'을 알게 되었고, '습관' 때문에 판단이 수정될 수 있다는 사실도 알게 되었다. 게다가 마음 같아서는 '조금은 알게 되었다'고 말하고 싶지만 실상은 그렇지 않다.

그래도 타인, 나 자신, 사회적 범주 내 구성원의 행동에 대해 내가 왜 그런 생각을 하거나 하지 않는지는 알게 되었다.

그러자 평소에는 눈여겨보지 않던 대상을 바라보는 관점이
바뀌었다(항상은 아니겠지만).

이 책은 '사회적 인지' 중에서도 '대인인지' 영역을 다루고
있다. 이를 습득하기에 좋은 텍스트는 많다. 나의 지도교수가
집필한 전문 서적도 많이 나와 있다. 그래서일까, 내가 이 주
제로 책을 쓰는 일이 그분들에게 어떻게 보일지 궁금하다(이
심리는 CHAPTER 9에서 설명한 '스포트라이트 효과'와 관련 있다).

마음속으로는 이렇게 걱정하면서 왜 이 책의 집필을 맡았
을까. 여기에는 두 가지 이유가 있다.

첫 번째, 이 책은 직장인을 위한 것이기 때문이다. 사회과학
영역의 연구자치고는 드물게 회사에서 근무해본 나라면, 독자
가 쉽게 이해할 만한 예시를 들 수 있다고 생각했다.

두 번째, 사회심리학을 공부하면서 겪은 경험을 독자도 느
끼길 원했다. 평소에 관심을 두지 않던 상대를 바라보는 관점
이 조금이라도 변했다면 진심으로 기쁠 뿐이다.

이 책에는 심리적 메커니즘을 설명하기 위한 예시로 직장상

사와 부하직원 사이의 소통이 자주 등장한다. 이 예시들이 내가 겪은 실화라고 생각할 수도 있다. 하지만 내 이야기는 정말 아니다.

운 좋게도 멋지고 좋은 상사만 만났다. 출판사에서 근무하던 무렵, 직장상사이자 유리멘탈이었던 T 씨. 사회인이던 내가 대학원을 다닐 수 있게 도와주고 지도까지 해준 무라타 코지 교수님. 두 사람이 이끌어주어서 이 책을 쓸 기회를 얻었다고 생각한다.

'시작하며'에 있는 보기에 차마 넣지 못했는데, 당신이 이 책을 고른 이유는 표지가 마음에 들어서일 수도 있다. 일러스트레이터 야마우치 요스케 씨의 덕분이다.

일본실업출판사는 연락을 받은 그 날부터 지금까지 쓰고 싶은 글이 현실에 나오도록 도와주고 있다.

이분들과 이 책을 읽어준 당신에게 마음 깊이 감사드린다.

2021년 10월 다나카 도모에

참고문헌

PART 1 인간은 이렇게 판단한다

CHAPTER **01** 인간은 '인지의 틀'로 판단한다

Bargh, J. A. (1989). Conditional automaticity varieties of automatic influence in social perception and cognition. In J. S. Uleman & J. A. Bargh (Eds.), *Handbook of motivation and cognition: Foundations of social behavior* (Vol.2. pp.93–130). New York: Guilford Press.

Bransford, J. D., & Johnson, M. K. (1972). Contextual prerequisites for understanding: Some investigations of comprehension and recall. *Journal of Verbal Learning and Verbal Behavior*, 11, 717–726.

Brewer, M. B. (1988). A dual process model of impression formation. In T. K. Srull & R. S. Wyer Jr. (Eds.), *Advances in Social Cognition* (Vol.1. pp.1–36). Hilsdale, NJ: Erlbaum.

Ekman, P. (1992). An argument for basic emotions. *Cognition and Emotion*, 6, 169–200.

Fiske, S. T., & Neuberg, S. L. (1990). A continuum of impression formation, from category-based to individuating processes: Influences of information and motivation on attention and interpretation. In M. P. Zanna (Ed.), *Advances in Experimental Social Psychology* (Vol.23. pp.1–74). New York: Academic Press.

Fiske, S. T., & Taylor, S. E. (1991). Social categories and schemas. In S. T. Fiske & S. E. Taylor (Eds.), *Social Cognition* (2nd ed., pp.96–141). New York: McGraw-Hill.

Kahneman, D. (2011). Thinking, fast and slow. Allen Lane.

Kruglanski, A. W., & Thompson, E. P. (1999). Persuasion by a single route: A view from the unimodel. *Psychological Inquiry*, 10, 83–109.

Stanovich, K. E. & West, R. F. (2000). Individual differences in reasoning: Implications for the rationality debate? *Bahavioral and Brain Science*, 23, 645–665.

CHAPTER **02** '편향'이라는 사고의 습관

Buehler, R., Griffin, D., & Ross, M. (1994). Exploring the "planning fallacy": Why people underestimate their task completion times. *Journal of Personality and Social Psychology*, 67, 366–381.

Christensen-Szalanski, J. J., & Willham, C. F. (1991). The hindsight bias: A meta-analysis. *Organizational Behavior and Human Decision Processes*, 48, 147–168.

Fein, S., Hilton, J. L., & Miller, D. T. (1990). Suspicion of ulterior motivation and the correspondence bias. *Journal of Personality and Social Psychology*, 58, 753–764.

Fischhoff, B., & Beyth, R. (1975). "I knew it would happen": Remembered probabilities of once-future things. *Organizational Behavior & Human Performance*, 13, 1–16.

Forgas, J. P. (1998). On being happy and mistaken: Mood effects on the fundamental attribution error. *Journal of Personality and Social Psychology*, 75, 318–331.

Gilbert, D. T., Pelham, B. W., & Krull, D. S. (1988). On cognitive busyness: When person perceivers meet persons perceived. *Journal of Personality and Social Psychology*, 54, 733–740.

Heider, F. (1958). *The psychology of interpersonal relations*. New York: John Wiley & Sons Inc.

Jones, E.E., & Davis, K.E. (1965). From acts to dispositions: The attribution. process in person perception. In L. Berkowitz (Ed.), *Advances in experimental social psychology* (Vol. 2. pp. 220–265). New York: Academic Press.

Jones, E. E., & Nisbett, R. E. (1987). The actor and the observer: Divergent perceptions of the causes of behavior. In E. E. Jones, D. E. Kanouse, H. H. Kelley, R. E. Nisbett, S. Valins, & B. Weiner (Eds.), *Attribution: Perceiving the causes of behavior* (pp. 79–94). Hillsdale, London: Lawrence Erlbaum Associates, Inc.

Kahneman, D., & Tversky, A. (1979). Prospect theory: An analysis of decision under risk. *Econometrica*, 47, 263–291.

Kunda, Z. (1987). Motivated inference: Self-serving generation and evaluation of causal theories. *Journal of Personality and Social Psychology*, 53, 636–647.

Malle, B. F. (2006). The actor-observer asymmetry in attribution: A (surprising) meta-analysis. *Psychological Bulletin*, 132, 895–919.

Marques, J. M., Yzerbyt, V. Y., & Leyens, J. P. (1988). The "Black Sheep Effect": Extremity of judgments towards ingroup members as a function of group identification. *European Journal of Social Psychology*, 18, 1–16.

Miller, D. T., & Ross, M. (1975). Self-serving biases in the attribution of causality: Fact or fiction? *Psychological Bulletin*, 82, 213–225.

Pronin, E., Lin, D. Y., & Ross, L. (2002). The bias blind spot: Perceptions of bias in self versus others. *Personality and Social Psychology Bulletin*, 28, 369–381.

Quattrone, G. A., & Jones, E. E. (1980). The perception of variability within in-groups and out-groups: Implications for the law of small numbers. *Journal of Personality and Social Psychology*, 38, 141–152.

Ross, M., & Sicoly, F. (1979). Egocentric biases in availability and attribution. *Journal of Personality and Social Psychology*, 37, 322–336.

Tajfel, H., Billig, M. G., Bundy, R. P., & Flament, C. (1971). Social categorization and intergroup behaviour. *European Journal of Social Psychology*, 1, 149–178.

Tajfel, H. & Turner, J. C. (1979) An integrative theory of intergroup conflict. In W. G. Austin & S. Worchel (Eds.), *The social psychology of intergroup relations*. (pp. 33–47). Monterey, CA: Brooks/Cole.

Taylor, S. E., & Brown, J. D. (1988). Illusion and well-being: A social psychological perspective on mental health. *Psychological Bulletin*, 103, 193–210.

Turner, J.C. (1987). The analysis of social influence. In J.C. Turner, M.A. Hogg, P.J. Oakes, S.D. Riecher & M.S. Wetherell (Eds.), *Rediscovering the social group: A selfcategorization theory* (pp. 68–88). Oxford: Blackwell.

Trope, Y. (1986). Identification and inferential processes in dispositional attribution. *Psychological Review*, 93, 239–257.

Tversky, A., & Kahneman, D. (1974). Judgment under uncertainty: Heuristics and biases. *Science*, 185, 1124–1131.

PART 2   '타인'의 인상은 어떻게 만들어질까

CHAPTER **03**   당신은 '사람을 잘 파악'할까

Costabile, K. A., & Madon, S. (2019). Downstream effects of dispositional inferences on confirmation biases. *Personality and Social Psychology Bulletin*, 45, 557-570.

Kulik, J. A. (1983). Confirmatory attribution and the perpetuation of social beliefs. *Journal of Personality and Social Psychology*, 44, 1171–1181.

Lenton, A. P., Blair, I. V., & Hastie, R. (2001). Illusions of gender: Stereotypes evoke false memories. *Journal of Experimental Social Psychology*, 37, 3–14.

Nickerson, R. S. (1998). Confirmation bias: A ubiquitous phenomenon in many guises. *Review of General Psychology*, 2, 175–220.

Snyder, M., & Uranowitz, S. W. (1978). Reconstructing the past: Some cognitive consequences of person perception. *Journal of Personality and Social Psychology*, 36, 941–950.

Trope, Y., & Thompson, E. P. (1997). Looking for truth in all the wrong places? Asymmetric search of individuating information about stereotyped group members. *Journal of Personality and Social Psychology*, 73, 229–241.

CHAPTER **04**   당신은 '타인의 감정'을 이해하는 사람일까

Ames, D. R. (2004). Inside the mind reader's tool kit: Projection and stereotyping in mental state inference. *Journal of Personality and Social Psychology*, 87, 340–353.

Epley, N., Keysar, B., Van Boven, L., & Gilovich, T. (2004). Perspective taking as egocentric anchoring and adjustment. *Journal of Personality and Social Psychology*, 87, 327–339.

Gilbert, D. T., Pelham, B. W., & Krull, D. S. (1988). On cognitive busyness: When person perceivers meet persons perceived. *Journal of Personality and Social Psychology*, 54, 733-740.

Krueger, J., & Clement, R. W. (1994). The truly false consensus effect: An ineradicable and egocentric bias in social perception. *Journal of Personality and Social Psychology*, 67, 596–610.

Ross, L., Greene, D., & House, P. (1977). The false consensus effect: An egocentric bias in social perception and attribution processes. *Journal of Experimental Social*

Psychology, 13, 279–301.

Tversky, A., & Kahneman, D. (1974). Judgment under uncertainty: Heuristics and biases. *Science*, 185, 1124–1131.

CHAPTER **05**　　당신은 왜 '그 사람'을 좋아할까

Bornstein, R. F., & D'Agostino, P. R. (1992). Stimulus recognition and the mere exposure effect. *Journal of Personality and Social Psychology*, 63, 545–552.

Byrne, D., & Nelson, D. (1965). Attraction as a linear function of proportion of positive reinforcements. *Journal of Personality and Social Psychology*, 1, 659–663.

Dion, K., Berscheid, E., & Walster, E. (1972). What is beautiful is good. *Journal of Personality and Social Psychology*, 24, 285–290.

Dryer, D. C., & Horowitz, L. M. (1997). When do opposites attract? Interpersonal complementarity versus similarity. *Journal of Personality and Social Psychology*, 72, 592–603.

Eagly, A. H., Ashmore, R. D., Makhijani, M. G., & Longo, L. C. (1991). What is beautiful is good, but...: A meta-analytic review of research on the physical attractiveness stereotype. *Psychological Bulletin*, 110, 109–128.

Langlois, J. H., Kalakanis, L., Rubenstein, A. J., Larson, A., Hallam, M., & Smoot, M. (2000). Maxims or myths of beauty? A meta-analytic and theoretical review. *Psychological Bulletin*, 126, 390–423.

Montoya, R. M., Horton, R. S., & Kirchner, J. (2008). Is actual similarity necessary for attraction? A meta-analysis of actual and perceived similarity. *Journal of Social and Personal Relationships*, 25, 889–922.

Moreland, R. L., & Beach, S. R. (1992). Exposure effects in the classroom: The development of affinity among students. *Journal of Experimental Social Psychology*, 28, 255–276.

Segal, M. W. (1974). Alphabet and attraction: An unobtrusive measure of the effect of propinquity in a field setting. *Journal of Personality and Social Psychology*, 30, 654–657.

Thorndike, E.L. (1920). A constant error in psychological ratings. *Journal of Applied Psychology*, 4, 25–29.

Walster, E., Aronson, V., Abrahams, D., & Rottman, L. (1966). Importance of physical attractiveness in dating behavior. *Journal of Personality and Social Psychology*, 4, 508–516.

Winch, R. F., Ktsanes, T., & Ktsanes, V. (1954). The theory of complementary needs in mate selection: An analytic and descriptive study. *American Sociological Review*, 19, 241–249.

Zajonc, R. B. (1968). Attitudinal effects of mere exposure. *Journal of Personality and Social Psychology*, 9, 1–27.

Clark, H. H., Schreuder, R., & Buttrick, S. (1983). Common ground and the understanding of demonstrative reference. *Journal of Verbal Learning & Verbal Behavior*, 22, 245–258.

Echterhoff, G., & Higgins, E. T. (2018). Shared reality: Construct and mechanisms. *Current Opinion in Psychology*, 23, iv–vii.

Hardin, C. D., & Higgins, E. T. (1996). Shared reality: How social verification makes the subjective objective. In R. M. Sorrentino & E. T. Higgins (Eds.), *Handbook of motivation and cognition: The interpersonal context* (Vol.3. pp.28-84). New York, NY: The Guilford Press.

Higgins, E. T. (2018). *Sheard reality: What makes us strong and tears us apart.* Oxford University Press.

Higgins, E. T., & Rholes, W. S. (1978). "Saying is believing": Effects of message modification on memory and liking for the person described. *Journal of Experimental Social Psychology*, 14, 363–378.

Maass, A., Milesi, A., Zabbini, S., & Stahlberg, D. (1995). Linguistic intergroup bias: Differential expectancies or in-group protection? *Journal of Personality and Social Psychology*, 68, 116–126.

Semin, G. R., & Fiedler, K. (1988). The cognitive functions of linguistic categories in describing persons: Social cognition and language. *Journal of Personality and Social Psychology*, 54, 558–568.

Wigboldus, D. H. J., Semin, G. R., & Spears, R. (2000). How do we communicate stereotypes? Linguistic bases and inferential consequences. *Journal of Personality and Social Psychology*, 78, 5–18.

Wigboldus, D. H. J., Semin, G. R., & Spears, R. (2006). Communicating expectancies about others. *European Journal of Social Psychology*, 36, 815-824.

PART 3   '나'의 인상은 어떻게 만들어질까

CHAPTER **07**   나는 '나'를 어떻게 바라볼까

Cialdini, R. B., Borden, R. J., Thorne, A., Walker, M. R., Freeman, S., & Sloan, L. R. (1976). Basking in reflected glory: Three (football) field studies. *Journal of Personality and Social Psychology*, 34, 366–375.

Fong, G. T., & Markus, H. (1982). Self-schemas and judgments about others. *Social Cognition*, 1, 191–204.

Gervey, B., Igou, E. R., & Trope, Y. (2005). Positive mood and future-oriented self-evaluation. *Motivation and Emotion*, 29, 269–296.

Green, J. D., & Sedikides, C. (2001). When do self-schemas shape social perception?: The role of descriptive ambiguity. *Motivation and Emotion*, 25, 67–83.

Higgins, E. T., King, G. A., & Mavin, G. H. (1982). Individual construct accessibility and subjective impressions and recall. *Journal of Personality and Social Psychology*, 43, 35–47.

Markus, H. (1977). Self-schemata and processing information about the self. *Journal of Personality and Social Psychology*, 35, 63–78.

Markus, H., & Kunda, Z. (1986). Stability and malleability of the self-concept. *Journal of Personality and Social Psychology*, 51, 858–866.

McFarland, C., & Alvaro, C. (2000). The impact of motivation on temporal comparisons: Coping with traumatic events by perceiving personal growth. *Journal of Personality and Social Psychology*, 79, 327–343.

Pleban, R., & Tesser, A. (1981). The effects of relevance and quality of another's performance on interpersonal closeness. *Social Psychology Quarterly*, 44, 278–285.

Sedikides, C., & Strube, M. J. (1997). Self evaluation: To thine own self be good, to thine own self be sure, to thine own self be true, and to thine own self be better. In M. P. Zanna (Ed.), *Advances in experimental social psychology* (Vol. 29, pp. 209–269). Academic Press.

Spencer, S. J., Fein, S., & Lomore, C. D. (2001). Maintaining one's self-image vis-à-vis others: The role of self-affirmation in the social evaluation of the self. *Motivation and Emotion*, 25, 41–65.

Steele, C.M. (1988). The psychology of self-affirmation: Sustaining the integrity of the self. In L.Berkowiz (Ed.), *Advances in experimental social psycology*(Vol. 21. pp.261-302).New York: Academic Press.

Story, A. L. (1998). Self-esteem and memory for favorable and unfavorable personality feedback. *Personality and Social Psychology Bulletin*, 24, 51–64.

Taylor, S. E., & Brown, J. D. (1988). Illusion and well-being: A social psychological perspective on mental health. *Psychological Bulletin*, 103, 193–210.

Tesser, A. (1988). Toward a self-evaluation maintenance model of social behavior. In L. Berkowitz (Ed.), *Advances in experimental social psychology* (Vol. 21, pp.181–227). Academic Press.

Tesser, A., Campbell, J., & Smith, M. (1984). Friendship choice and performance: Self-evaluation maintenance in children. *Journal of Personality and Social Psychology*, 46, 561–574.

Trope, Y., & Ben-Yair, E. (1982). Task construction and persistence as means for self-assessment of abilities. *Journal of Personality and Social Psychology*, 42, 637–645.

CHAPTER **08**　　당신은 '다른 사람에게 어떻게 보이길 바라는가'

Baumeister, R. F. (1982). A self-presentational view of social phenomena. *Psychological Bulletin*, 91, 3–26.

Baumeister, R. F., & Jones, E. E. (1978). When self-presentation is constrained by the target's knowledge: Consistency and compensation. *Journal of Personality and Social Psychology*, 36, 608–618.

Berglas, S., & Jones, E. E. (1978). Drug choice as a self-handicapping strategy in response to noncontingent success. *Journal of Personality and Social Psychology*, 36, 405–417.

Jones, E. E., & Pittman, T S. (1982). Toward a general theory of strategic self-presentation. In J. Suls (Ed.), *Psychological perspectives of the self* (pp. 231-261). Hillsdale, NJ: Eribaum

Leary, M. R. (1995). *Self-presentation: Impression management and interpersonal behavior*. Brown & Benchmark Publishers.

McCrea, S. M. (2008). Self-handicapping, excuse making, and counterfactual thinking: Consequences for self-esteem and future motivation. *Journal of Personality and Social Psychology*, 95, 274–292.

Schlenker, B. R., & Leary, M. R. (1982). Audiences' reactions to self-enhancing, self-denigrating, and accurate self-presentations. *Journal of Experimental Social Psychology*, 18, 89–104.

Schneider, D. J. (1969). Tactical self-presentation after success and failure. *Journal of Personality and Social Psychology*, 13, 262–268.

Tice, D. M. (1992). Self-concept change and self-presentation: The looking glass self is also a magnifying glass. *Journal of Personality and Social Psychology*, 63, 435–451.

Tice, D. M., Butler, J. L., Muraven, M. B., & Stillwell, A. M. (1995). When modesty prevails: Differential favorability of self-presentation to friends and strangers. *Journal of Personality and Social Psychology*, 69, 1120–1138.

Tice, D. M., & Faber, J. (2001). Cognitive and motivational processes in self-presentation. In J. P. Forgas, K. D. Williams, & L. Wheeler (Eds.), *The social mind: Cognitive and motivational aspects of interpersonal behavior* (pp. 139–156). Cambridge University Press.

CHAPTER **09**　　당신은 '다른 사람에게 어떻게 보일까'

Fenigstein, A. (1984). Self-consciousness and the overperception of self as a target. *Journal of Personality and Social Psychology*, 47, 860–870.

Gilovich, T., Kruger, J., & Medvec, V. H. (2002). The spotlight effect revisited: Overestimating the manifest variability of our actions and appearance. *Journal of Experimental Social Psychology*, 38, 93–99.

Gilovich, T., Medvec, V. H., & Savitsky, K. (2000). The spotlight effect in social judgment: An egocentric bias in estimates of the salience of one's own actions and appearance. *Journal of Personality and Social Psychology*, 78, 211–222.

Gilovich, T., Savitsky, K., & Medvec, V. H. (1998). The illusion of transparency: Biased assessments of others' ability to read one's emotional states. *Journal of Personality and Social Psychology*, 75, 332–346.

Vorauer, J. D., & Ross, M. (1999). Self-awareness and feeling transparent: Failing to suppress one's self. *Journal of Experimental Social Psychology*, 35, 415–440.

Zuckerman, M., Kernis, M. H., Guarnera, S. M., Murphy, J. F., & Rappoport, L. (1983). The egocentric bias: Seeing oneself as cause and target of others' behavior. *Journal of Personality*, 51, 621–630.

CHAPTER **10**   내가 '바라보는 나'는 진짜 내 모습일까

Baldwin, M. W., Carrell, S. E., & Lopez, D. F. (1990). Priming relationship schemas: My advisor and the Pope are watching me from the back of my mind. *Journal of Experimental Social Psychology*, 26, 435–454.

Greenwald, A. G., & Farnham, S. D. (2000). Using the Implicit Association Test to measure self-esteem and self-concept. *Journal of Personality and Social Psychology*, 79, 1022–1038.

Greenwald, A. G., McGhee, D. E., & Schwartz, J. L. K. (1998). Measuring individual differences in implicit cognition: The implicit association test. *Journal of Personality and Social Psychology*, 74, 1464–1480.

Hinkley, K., & Andersen, S. M. (1996). The working self-concept in transference: Significant-other activation and self change. *Journal of Personality and Social Psychology*, 71, 1279–1295.

Story, A. L. (1998). Self-esteem and memory for favorable and unfavorable personality feedback. *Personality and Social Psychology Bulletin*, 24, 51–64.

Wilson, T. D. (2009). Know thyself. *Perspectives on Psychological Science*, 4, 384–389.

Wilson, T. D., Dunn, D. S., Bybee, J. A., Hyman, D. B., & Rotondo, J. A. (1984). Effects of analyzing reasons on attitude–behavior consistency. *Journal of Personality and Social Psychology*, 47, 5–16.

Wilson, T. D., & LaFleur, S. J. (1995). Knowing what you'll do: Effects of analyzing reasons on self-prediction. *Journal of Personality and Social Psychology*, 68, 21–35.

Wilson, T. D., Lisle, D. J., Schooler, J. W., Hodges, S. D., Klaaren, K. J., & LaFleur, S. J. (1993). Introspecting about reasons can reduce post-choice satisfaction. *Personality and Social Psychology Bulletin*, 19, 331–339.

PART 4   '집단'의 인상은 어떻게 만들어질까

CHAPTER **11**   당신은 어떤 눈으로 '그 사람들'을 바라볼까

Brewer, M. B. (1988). A dual process model of impression formation. In T. K. Srull & R. S. Wyer Jr. (Eds.), *Advances in Social Cognition*. (Vol.1. pp.1-36). Hilsdale, NJ: Erlbaum.

Cuddy, A. J. C., Fiske, S. T., & Glick, P. (2007). The BIAS map: Behaviors from intergroup affect and stereotypes. *Journal of Personality and Social Psychology*, 92, 631–648.

Fiske, S. T., Cuddy, A. J. C., Glick, P., & Xu, J. (2002). A model of (often mixed) stereotype content: Competence and warmth respectively follow from perceived status and competition. *Journal of Personality and Social Psychology*, 82, 878–902.

Fiske, S. T., & Neuberg, S. L. (1990). A continuum of impression formation, from category-based to individuating processes: Influences of information and motivation on attention and interpretation. In M. P. Zanna (Ed.), *Advances in Experimental Social Psychology* (Vol.23. pp.1-74). New York: Academic Press.

Gaertner, S. L., & Dovidio, J. F. (1986). The aversive form of racism. In J. F. Dovidio & S. L. Gaertner (Eds.), *Prejudice, discrimination, and racism* (pp. 61–89). Academic Press.

Glick, P., & Fiske, S. T. (1996). The Ambivalent Sexism Inventory: Differentiating hostile and benevolent sexism. *Journal of Personality and Social Psychology*, 70, 491–512.

Hamilton, D. L., Dugan, P. M., & Trolier, T. K. (1985). The formation of stereotypic beliefs: Further evidence for distinctiveness-based illusory correlations. *Journal of Personality and Social Psychology*, 48, 5–17.

Hamilton, D. L., & Gifford, R. K. (1976). Illusory correlation in interpersonal perception: A cognitive basis of stereotypic judgments. *Journal of Experimental Social Psychology*, 12, 392–407.

Jost, J. T., & Banaji, M. R. (1994). The role of stereotyping in system-justification and the production of false consciousness. *British Journal of Social Psychology*, 33, 1–27.

Jost, J. T., Burgess, D., & Mosso, C. O. (2001). Conflicts of legitimation among self, group, and system: The integrative potential of system justification theory. In J. T. Jost & B. Major (Eds.), T*he psychology of legitimacy: Emerging perspectives on ideology, justice, and intergroup relations* (pp. 363–388). Cambridge University Press.

Jost, J. T., Liviatan, I., van der Toorn, J., Ledgerwood, A., Mandisodza, A., & Nosek, B. A. (2012). System justification: A motivational process with implications for social conflict. In E, Kals., & J, Maes. (Eds.), *Justice and conflicts: Theoretical and empirical contributions* (pp. 315 – 327). Springer-Verlag Berlin Heidelberg.

Jost, J. T., Pelham, B. W., Sheldon, O., & Sullivan, B. N. (2003). Social inequality and the reduction of ideological dissonance on behalf of the system: *Evidence of enhanced system justification among the disadvantaged. European Journal of Social Psychology*, 33, 13–36.

Rosenberg, S., Nelson, C., & Vivekananthan, P. S. (1968). A multidimensional approach to the structure of personality impressions. *Journal of Personality and Social Psychology*, 9, 283–294.

Weber, R., & Crocker, J. (1983). Cognitive processes in the revision of stereotypic beliefs. *Journal of Personality and Social Psychology*, 45, 961–977.

CHAPTER **12**   당신은 '저 사람들'을 어떻게 설명할까

Clark, A. E., & Kashima, Y. (2007). Stereotypes help people connect with others in the community: A situated functional analysis of the stereotype consistency bias in communication. *Journal of Personality and Social Psychology*, 93, 1028–1039.

Echterhoff, G., & Higgins, E. T. (2018). Shared reality: Construct and mechanisms. *Current Opinion in Psychology*, 23, iv–vii.

Echterhoff, G., & Higgins, E. T. (2021). Shared reality: Motivated connection and motivated cognition. In P. A. M. Van Lange., E. T. Higgins., & A. W. Kruglanski. (Eds.) *Social psychology: Handbook of basic principles, 3rd ed.*, (pp.181-201). The Guilford Press. NewYork, NY.

Greijdanus, H., Postmes, T., Gordijn, E.H.,& van Zomeren, M. (2015). Steeling ourselves: Intragroup communication while anticipating intergroup contact evokes defensive intergroup perceptions. *PLoS One*, 10, e0131049.

Hardin, C. D., & Higgins, E. T. (1996). Shared reality: How social verification makes the subjective objective. In R. M. Sorrentino & E. T. Higgins (Eds.), *Handbook of motivation and cognition: The interpersonal context* (Vol.3. pp.28-84). New York, NY: The Guilford Press.

Haslam, S. A., Oakes, P. J., McGarty, C., Turner, J. C., Reynolds, K. J., & Eggins, R. A. (1996). Stereotyping and social influence: The mediation of stereotype applicability and sharedness by the views of in-group and out-group members. *British Journal of Social Psychology*, 35, 369–397.

Karasawa, M., Asai, N., & Tanabe, Y. (2007). Stereotypes as shared beliefs: Effects of group identity on dyadic conversations. *Group Processes & Intergroup Relations*, 10, 515–532.

PART 5   '그 인상'으로 남아도 정말 괜찮을까

CHAPTER **13**   편향은 '인상'에 어떤 영향을 미칠까

Heine, S. J., Lehman, D. R., Markus, H. R., & Kitayama, S. (1999). Is there a universal need for positive self-regard? *Psychological Review*, 106, 766–794.

Taylor, S. E., & Brown, J. D. (1988). Illusion and well-being: A social psychological perspective on mental health. *Psychological Bulletin*, 103, 193–210.

CHAPTER **14**   '사고의 습관'과 마주하는 방법

Wilson, T. D., & Brekke, N. (1994). Mental contamination and mental correction: Unwanted influences on judgments and evaluations. *Psychological Bulletin*, 116, 117–142.

당신을 지배하고 있는
무의식적 편견

기타무라 히데야 지음 | 정문주 옮김 | 216쪽 | 2도
값 13,500원 | 979-11-6862-015-5

자각 없는 어리석은 편견의
진짜 원인과 해결책을 살펴보자

이 책은 우리 사회에 남아 있는 문제 있는 무의식적 편견과 앞으로 적극적으로 개선, 해결해야 하는 문제점들에 초점을 맞추고 있다. 심심찮게 사회 문제로 등장하고 있는 정치인의 망언, 성차별, 직장 내 괴롭힘, 갑질 등의 그 이면을 살펴보면 잘못된 사고방식이 고쳐지지 않고 편향, 즉 편견으로 자리 잡아 무의식중에 작용한다는 사실을 알 수 있다. 이러한 무의식적 편견을 하나씩 사례를 들며 살펴보고, 편견에서 벗어나는 방법에 관해서도 정리한다. 이 책으로 나를 지배하고 있는 무의식적 편견을 고찰해보자!